公認会計士試験

論文式試験対策　新トレーニングシリーズ

財務会計論
計算編1
個別論点・入門編Ⅰ

TAC公認会計士講座　簿記会計研究会

JN073477

TAC出版

TAC PUBLISHING Group

は し が き

　『新トレーニングシリーズ財務会計論・計算編』においては，総合問題の解き方を身に付けてもらうことを主眼として執筆・編集しています。そのため，初級・中級レベルの問題を中心に出題し，かつ，基本的な出題パターンを網羅することを心掛けました。本書を何度も繰り返し解くことによって，出題パターンに応じた解法を身に付けることができるでしょう。また，個々の論点は理解できるが，総合問題が思うように解くことができない，といった方のために，問題を効率良く解くための解法を示しています。各種資格試験は限られた試験時間内に効率よく解答しなければ，合格することは難しいので，本書を利用して効率的な解法をマスターして下さい。さらに，問題集として執筆・編集していますが，多くの受験生が間違い易い論点やまとめて覚えていた方が良い論点については詳細に解説しています。復習の際に，論点整理として利用して下さい。

　そして，本書を利用することによって，皆さんが財務会計論・計算編の総合問題を克服し，各種資格試験に合格されることを念願してやみません。

本 書 の 特 徴

　本書の主な特徴は，次の7点です。

(1) 基礎力を身に付け，総合問題対策に本格的に取り組もうという方々のために，論点複合型の総合問題を数多く取り入れています。

(2) 解答だけでなく，詳細な解説及び解法を付けています。

(3) 各問題の出題論点がわかるように，チェックポイントとして明記しています。

(4) 解説中の仕訳及び計算式には，その数値が何を意味するのかが分かるように，詳細な解説を付しています。

(5) 問題解答上，間違え易い点については解説を付しています。また，計算技術を高めるためだけでなく，その理論的背景も理解するのに必要な点，及び問題解答上必要ではないが，まとめて整理しておくことで今後の理解を促す点についても解説を付しています。

(6) 繰り返し何度も解き直してもらうために，答案用紙をコピーし易いように，別冊として付けています。なお，答案用紙は，ＴＡＣ出版書籍販売サイト・サイバーブックストアよりダウンロードサービスもご利用いただけます。下記サイトにアクセスして下さい。

https://bookstore.tac-school.co.jp/

(7) 各論点によって7分冊にし，この7冊により，財務会計論・計算編の基本的な問題が網羅できるように執筆・編集しています。

本 書 の 対 象 者

　本書は，主として公認会計士試験の受験対策用に編集された問題集ですが，総合問題への効率的なアプローチを主眼として執筆・編集しておりますので，税理士試験や日商簿記検定等の他の受験対策用としても是非，利用していただきたいです。

本 書 の 利 用 方 法

1． 問題は必ずペンをもって，実際に答案用紙に記入すること。

　　財務会計論・計算編の総合問題は解答数値のみならず，勘定科目等の記入も
　問われることがあります。特に，勘定記入や帳簿の記入・締切の問題は，答案
　用紙に記入するのに時間がかかるので，試験までに充分に慣れておく必要があ
　ります。

2． 解き始めた時間と終了時間を必ずチェックしておき，解答時間を計ること。

　　時間を意識しないトレーニングは資格受験の学習として意味がありません。
　制限時間の60分以内に解答できるか，各自意識して問題解答に取り組んで下さ
　い。各問題に【解答時間及び得点】の欄を付けていますので，各自記入のうえ
　利用して下さい。

3． 採点基準に従い，実際に採点すること。

　　個々の論点を理解していても実際に点数に反映されなければ，資格受験とし
　て意味がありません。各自の実力を知るうえでも採点して下さい。なお，本書
　における合格点の目安は次のとおりです。各問題の【解答時間及び得点】にお
　ける得点の欄を利用して記録して下さい。

　　難易度A（易）：80点，難易度B（標準）：70点，難易度C（難）：60点

4． 間違えた論点については，メモを取っておくこと。

　　間違えた原因が論点の理解不足のためなのか，それとも単なるケアレス・ミ
　スなのか，メモを取っておいて下さい。各自の理解していない論点やケアレス
　・ミスしやすい論点がわかります。【解答時間及び得点】及び【チェック・ポ
　イント】を利用して，メモを取って下さい。

5． 60分の制限時間内に問題が解けるようになるまで，何度も繰り返し解くこと。

　　目安としては最低限，各問題を3回は解いてもらいたいです。答案用紙は1
　部しかないので，あらかじめコピーを取っておくか，ＴＡＣ出版書籍販売サイ
　ト・サイバーブックストアよりダウンロードすると良いでしょう。

6．本テキストで用いている勘定科目は，公認会計士試験で出題される勘定科目を優先的に用いております。そのため，日商簿記検定試験で使用される勘定科目と，少し異なる場合がありますので，較表を以下に示します。なお，詳細は「商工会議所簿記検定試験　許容勘定科目表」を参照して下さい。

本テキストで用いている勘定科目	日商簿記検定試験に使用されることのある勘定科目
小口現金	小払現金
現金預金	諸預金，銀行預金，普通預金，定期預金
売　掛　金	○×商店
貯　蔵　品	消耗品，事務用消耗品
前渡金（前払金）	前払手付金，支払手付金
立　替　金	従業員立替金
貸　付　金	従業員貸付金
車　　　両	車両運搬具，運搬具
機　　　械	機械装置
買　掛　金	×△商店
借　入　金	銀行借入金
前　受　金	前受手付金，受取手付金
預　り　金	従業員預り金，所得税預り金，社会保険料預り金
資　本　金	引出金，店主，店主貸，事業主貸
有価証券利息	受取利息，受取社債利息
有価証券売却益	有価証券売買益，有価証券運用益
雑収入，雑益	雑収益
貸倒引当金繰入額	貸倒引当損，貸倒償却
貸倒損失	貸倒償却
給　　　料	給料手当，賃金給料，販売員給料
支払家賃	（支払）賃借料，（支払）不動産賃借料
支払地代	（支払）賃借料，（支払）不動産賃借料
支払手数料	販売手数料
消耗品費	事務用消耗品費
租税公課	公租公課，固定資産税，印紙税
広告宣伝費	広告費，広告料，宣伝費
交通費	旅費，旅費交通費
有価証券売却損	有価証券売買損，有価証券運用損

CONTENTS

別冊／答案用紙

問　題／
解答・解説

商品売買業を営むTAC株式会社の当事業年度（自×10年4月1日　至×11年3月31日）における下記の〔資料〕を参照して，以下の各問に答えなさい。

問1 答案用紙に示されている決算整理前残高試算表を完成させなさい。

問2 答案用紙に示されている損益計算書及び貸借対照表を完成させなさい。

問3 答案用紙に示されている売掛金勘定及び売上勘定の記入・締切を行いなさい。なお，摘要欄には相手勘定科目を記入すること。

〔資料 I 〕　前期末における繰越試算表

繰 越 試 算 表
×10年3月31日
（単位：千円）

現　　　　　金	38,800	支　払　手　形	20,500
受　取　手　形	37,500	買　　掛　　金	33,100
売　　掛　　金	34,500	未　払　利　息	500
繰　越　商　品	23,600	貸　倒　引　当　金	1,890
建　　　　　物	300,000	借　　入　　金	100,000
備　　　　　品	150,000	建物減価償却累計額	45,000
土　　　　　地	250,000	備品減価償却累計額	42,000
		資　　本　　金	500,000
		繰 越 利 益 剰 余 金	91,410
	834,400		834,400

〔資料Ⅱ〕　期中取引

　　4 月 2 日　商品26,000千円を仕入れ，代金については掛とした。

　　4 月15日　商品を32,000千円で売り上げ，代金については掛とした。

　　5 月 6 日　商品24,000千円を仕入れ，代金については約束手形を振り出した。

　　5 月11日　商品を42,000千円で売り上げ，代金については現金を受け取った。

　　5 月25日　売掛金31,000千円を決済し，他社振出約束手形を受け取った。

　　5 月29日　買掛金25,000千円を決済し，約束手形を振り出した。

　　6 月15日　営業費15,000千円を現金により支払った。

　　6 月21日　商品を注文し，内金として12,000千円を現金により支払った。

　　6 月30日　商品22,000千円を仕入れ，代金のうち12,000千円は注文時に支払った内金と相殺し，残額は掛
　　　　　　　とした。

　　7 月 5 日　受取手形25,000千円を決済し，現金を受け取った。

　　7 月15日　支払手形20,000千円を決済し，現金により支払った。

　　8 月 7 日　商品27,000千円を仕入れ，代金については掛とした。

　　8 月15日　商品を36,000千円で売り上げ，代金については掛とした。

　　9 月 2 日　商品40,000千円を仕入れ，代金については現金により支払った。

　　9 月20日　商品を73,000千円で売り上げ，代金については現金を受け取った。

　　10月12日　売掛金45,000千円を決済し，現金を受け取った。

　　10月19日　買掛金28,000千円を決済し，現金により支払った。

　　11月30日　支払手形27,000千円を決済し，現金により支払った。

　　12月12日　営業費20,000千円を現金により支払った。

　　1 月12日　商品21,000千円を仕入れ，代金については掛とした。

　　1 月17日　商品を40,000千円で売り上げ，代金については掛とした。

　　1 月31日　借入金に係る 1 年分（×10年 2 月 1 日～×11年 1 月31日）の利息 3,000千円を現金により支払
　　　　　　　った。

　　2 月26日　土地 5,000千円を購入し，代金については掛とした。

　　3 月12日　売掛金39,000千円を決済し，現金を受け取った。

　　3 月17日　買掛金29,000千円を決済し，現金により支払った。

　　3 月28日　商品の注文を受け，内金として 8,000千円を現金により受け取った。

〔資料Ⅲ〕　決算整理事項

1．商　品

　　期末商品棚卸高は34,000千円であり，棚卸減耗等は生じていない。

2．減価償却

　　　　建　物：定額法，残存価額10％，耐用年数30年

　　　　備　品：定額法，残存価額10％，耐用年数8年

3．貸倒引当金

　　売上債権期末残高に対して3％の貸倒引当金を差額補充法により設定する。

4．経過勘定

　　支払利息 500千円を見越計上する。

5．法人税等は無視すること。

【ＭＥＭＯ】

【解　答】

問1

決算整理前残高試算表

×11年3月31日 （単位：千円）

現　　　　　　金	(★　76,800)	支　払　手　形	(★　22,500)
受　取　手　形	(　43,500)	買　　掛　　金	(　35,100)
売　　掛　　金	(　27,500)	(未　　払　　金)	(★　5,000)
繰　越　商　品	(　23,600)	前　　受　　金	(　8,000)
建　　　　　物	(　300,000)	貸　倒　引　当　金	(　1,890)
備　　　　　品	(　150,000)	借　　入　　金	(　100,000)
土　　　　　地	(　255,000)	建物減価償却累計額	(　45,000)
仕　　　　　入	(★　160,000)	備品減価償却累計額	(　42,000)
営　　業　　費	(　35,000)	資　　本　　金	(　500,000)
支　払　利　息	(　2,500)	繰越利益剰余金	(　91,410)
		売　　　　　上	(★　223,000)
	(　1,073,900)		(　1,073,900)

問2

損　益　計　算　書

自×10年4月1日　至×11年3月31日 （単位：千円）

売　上　原　価	(★　149,600)	売　　上　　高	(　223,000)
営　　業　　費	(　35,000)		
貸倒引当金繰入額	(★　240)		
建物減価償却費	(　9,000)		
備品減価償却費	(★　16,875)		
支　払　利　息	(　3,000)		
当　期　純　利　益	(　9,285)		
	(　223,000)		(　223,000)

貸借対照表

×11年3月31日 (単位：千円)

現 金 及 び 預 金	（	76,800 ）	支 払 手 形	（	22,500 ）
受 取 手 形	（★	43,500 ）	買 掛 金	（★	35,100 ）
貸 倒 引 当 金	（	△ 1,305 ）	（未 払 金）	（	5,000 ）
売 掛 金	（	27,500 ）	未 払 費 用	（★	500 ）
貸 倒 引 当 金	（	△ 825 ）	前 受 金	（★	8,000 ）
商 品	（★	34,000 ）	借 入 金	（	100,000 ）
建 物	（	300,000 ）	資 本 金	（	500,000 ）
減 価 償 却 累 計 額	（★△	54,000 ）	繰 越 利 益 剰 余 金	（★	100,695 ）(*1)
備 品	（	150,000 ）			
減 価 償 却 累 計 額	（	△ 58,875 ）			
土 地	（	255,000 ）			
	（	771,795 ）		（	771,795 ）

(*1) 前T/B 繰越利益剰余金91,410＋当期純利益9,285＝100,695

問3

売 掛 金 (単位：千円)

日 付	摘 要	借 方	日 付	摘 要	貸 方
4 1	前 期 繰 越	★ 34,500	5 25	受 取 手 形	★ 31,000
15	売 上	32,000	10 12	現 金	45,000
8 15	売 上	★ 36,000	3 12	現 金	39,000
1 17	売 上	40,000	(31)	(次 期 繰 越)	★ (27,500)
		142,500			142,500
4 1	前 期 繰 越	27,500			

(注) 会計期末において，資産，負債及び純資産（資本）の各勘定の期末残高について「次期繰越」と朱記
して各勘定を締め切ると同時に，「次期繰越」と朱記した側とは貸借反対側に翌期首の日付で「前期繰
越」と黒記することが一般的である。

売 上 (単位：千円)

日 付	摘 要	借 方	日 付	摘 要	貸 方
3 31	損 益	★ 223,000	4 15	売 掛 金	32,000
			5 11	現 金	42,000
			8 15	売 掛 金	36,000
			9 20	現 金	73,000
			1 17	売 掛 金	40,000
		223,000			223,000

【採点基準】

★5点×20箇所＝100点

【解答時間及び得点】

	日 付	解答時間	得 点	Ｍ Ｅ Ｍ Ｏ
1	／	分	点	
2	／	分	点	
3	／	分	点	
4	／	分	点	
5	／	分	点	

【チェック・ポイント】

出題分野	出題論点	日 付				
		／	／	／	／	／
個 別 論 点	簿 記 一 巡					
	残 高 試 算 表 作 成					
	財 務 諸 表 作 成					
	勘 定 記 入					
	商 品 売 買					
	有 形 固 定 資 産 の 取 得					
	減 価 償 却					
	貸 倒 引 当 金 （ 差 額 補 充 法 ）					
	経 過 勘 定					

【出題意図】

　期首T/B（前期末繰越試算表）からスタートし，前T/B，P/L・B/Sを作成するという簿記一巡を理解して頂く問題です。簿記一巡の理解に重点を置くために取引内容は基本的なものにしています。本問により，簿記の処理の流れをしっかりと理解して下さい。

　実践的な解法としては，すべての取引について仕訳を書くと時間がかかるため，下書用紙にＴ勘定（Ｔ字型の略式勘定）を設定し，このＴ勘定上で処理をします。このとき，すべての勘定について下書用紙にＴ勘定を設定する必要はなく，頻繁に登場する勘定を必要に応じて設定して下さい。一般的には，当座預金勘定（又は現金預金勘定），受取手形勘定，売掛金勘定，支払手形勘定及び買掛金勘定についてはＴ勘定を設定します。本問においては，【解答への道】Ⅵ．勘定分析において記載している勘定を設定すると良いでしょう。下書用紙にＴ勘定を設定したら，まず，各勘定の期首の金額を埋め，そして，期中取引仕訳と決算整理仕訳を下書用紙のＴ勘定上で処理をしていきます。そして最後に，貸借差額により各勘定の期末の金額を算定して下さい。

【解答への道】（単位：千円）

Ⅰ．再振替仕訳

（借）	未 払 利 息	500	（貸）	支 払 利 息	500

Ⅱ．期中仕訳

（借）	仕 入	26,000	（貸）	買 掛 金	26,000
（借）	売 掛 金	32,000	（貸）	売 上	32,000
（借）	仕 入	24,000	（貸）	支 払 手 形	24,000
（借）	現 金	42,000	（貸）	売 上	42,000
（借）	受 取 手 形	31,000	（貸）	売 掛 金	31,000
（借）	買 掛 金	25,000	（貸）	支 払 手 形	25,000
（借）	営 業 費	15,000	（貸）	現 金	15,000
（借）	前 渡 金	12,000	（貸）	現 金	12,000
（借）	仕 入	22,000	（貸）	前 渡 金	12,000
				買 掛 金	10,000
（借）	現 金	25,000	（貸）	受 取 手 形	25,000
（借）	支 払 手 形	20,000	（貸）	現 金	20,000
（借）	仕 入	27,000	（貸）	買 掛 金	27,000
（借）	売 掛 金	36,000	（貸）	売 上	36,000
（借）	仕 入	40,000	（貸）	現 金	40,000
（借）	現 金	73,000	（貸）	売 上	73,000
（借）	現 金	45,000	（貸）	売 掛 金	45,000
（借）	買 掛 金	28,000	（貸）	現 金	28,000
（借）	支 払 手 形	27,000	（貸）	現 金	27,000
（借）	営 業 費	20,000	（貸）	現 金	20,000
（借）	仕 入	21,000	（貸）	買 掛 金	21,000
（借）	売 掛 金	40,000	（貸）	売 上	40,000
（借）	支 払 利 息	3,000	（貸）	現 金	3,000
（借）	土 地	5,000	（貸）	未 払 金(*1)	5,000
（借）	現 金	39,000	（貸）	売 掛 金	39,000
（借）	買 掛 金	29,000	（貸）	現 金	29,000
（借）	現 金	8,000	（貸）	前 受 金	8,000

（*1） 商品以外の固定資産等の購入取引における代金の未払（掛）については，未払金勘定で処理する。

（注） 代金の未収・未払

Ⅲ．決算整理前残高試算表

決算整理前残高試算表

×11年3月31日

借方		貸方	
現　　　　　金	76,800	支　払　手　形	22,500
受　取　手　形	43,500	買　　掛　　金	35,100
売　　掛　　金	27,500	未　　払　　金	5,000
繰　越　商　品	23,600	前　　受　　金	8,000
建　　　　　物	300,000	貸　倒　引　当　金	1,890
備　　　　　品	150,000	借　　入　　金	100,000
土　　　　　地	255,000	建物減価償却累計額	45,000
仕　　　　　入	160,000	備品減価償却累計額	42,000
営　　業　　費	35,000	資　　本　　金	500,000
支　払　利　息	2,500	繰越利益剰余金	91,410
		売　　　　　上	223,000
	1,073,900		1,073,900

Ⅳ．決算整理仕訳

1．商　品

（借）仕　　　　　入	23,600	（貸）繰　越　商　品	23,600
（借）繰　越　商　品	34,000	（貸）仕　　　　　入	34,000

商　　品

期　首　　23,600	P/L 売上原価
当期仕入（前T/B 仕入） 　　　　　160,000	∴　149,600
	期　末　　34,000

2．減価償却

（借）建物減価償却費	9,000(*1)	（貸）建物減価償却累計額	9,000
（借）備品減価償却費	16,875(*2)	（貸）備品減価償却累計額	16,875

（*1）前T/B 建物300,000×0.9÷30年＝9,000

（*2）前T/B 備品150,000×0.9÷8年＝16,875

3．貸倒引当金

（借）貸倒引当金繰入額	240(*1)	（貸）貸　倒　引　当　金	240

（*1）（前T/B 受取手形43,500＋前T/B 売掛金27,500）×3％－前T/B 貸倒引当金1,890＝240

4．経過勘定

（借）支　払　利　息	500	（貸）未　払　利　息	500

V. 決算整理後残高試算表

決算整理後残高試算表

×11年3月31日

現　　　　　金(*1)	76,800	支　払　手　形	22,500
受　取　手　形	43,500	買　　掛　　金	35,100
売　　掛　　金	27,500	未　　払　　金	5,000
繰　越　商　品(*2)	34,000	未　払　利　息(*4)	500
建　　　　　物	300,000	前　　受　　金	8,000
備　　　　　品	150,000	貸　倒　引　当　金(*5)	2,130
土　　　　　地	255,000	借　　入　　金	100,000
仕　　　　　入(*3)	149,600	建物減価償却累計額(*6)	54,000
営　　業　　費	35,000	備品減価償却累計額(*6)	58,875
貸倒引当金繰入額	240	資　　本　　金	500,000
建物減価償却費	9,000	繰越利益剰余金	91,410
備品減価償却費	16,875	売　　　　　上(*7)	223,000
支　払　利　息	3,000		
	1,100,515		1,100,515

(*1)　貸借対照表上,「現金及び預金」として表示される。

(*2)　貸借対照表上,「商品」として表示される。

(*3)　損益計算書上,「売上原価」として表示される。

(*4)　貸借対照表上,「未払費用」として表示される。

(*5)　貸借対照表上,対象となる債権(本問では受取手形,売掛金)から控除する形式で表示される。

(*6)　貸借対照表上,対象となる有形固定資産(本問では建物,備品)から控除する形式で表示される。

(*7)　損益計算書上,「売上高」として表示される。

Ⅵ. 勘定分析（正確な勘定記入ではなく，取引内容を示している）

現　　金

期　　首	38,800	営 業 費	15,000
売　　上	42,000	前 渡 金	12,000
受取手形	25,000	支払手形	20,000
売　　上	73,000	仕　　入	40,000
売 掛 金	45,000	買 掛 金	28,000
売 掛 金	39,000	支払手形	27,000
前 受 金	8,000	営 業 費	20,000
		支払利息	3,000
		買 掛 金	29,000
		期　　末 ∴	76,800

支　払　手　形

現　　金	20,000	期　　首	20,500
現　　金	27,000	仕　　入	24,000
期　　末 ∴	22,500	買 掛 金	25,000

買　　掛　　金

支払手形	25,000	期　　首	33,100
現　　金	28,000	仕　　入	26,000
現　　金	29,000	仕　　入	10,000
		仕　　入	27,000
期　　末 ∴	35,100	仕　　入	21,000

受　取　手　形

期　　首	37,500	現　　金	25,000
売 掛 金	31,000		
		期　　末 ∴	43,500

売　　掛　　金

期　　首	34,500	受取手形	31,000
売　　上	32,000	現　　金	45,000
売　　上	36,000	現　　金	39,000
売　　上	40,000	期　　末 ∴	27,500

Ⅶ. 決算振替仕訳

　決算整理によって正しい残高に修正された各勘定残高を用いて，損益計算書や貸借対照表を作成する。しかし，損益計算書や貸借対照表は帳簿外で作成される報告書であり，帳簿上は決算整理を行った後の残高が各勘定に残っているままである。帳簿上も当期と次期の区切りをつける必要があり，そのため，**各勘定を当期末で一旦締め切る手続き**が必要となる。この手続きを「**決算振替**」といい，決算振替に必要な仕訳を「**決算振替仕訳**」という。決算振替は以下の手順で行われる。

(1) 損益振替

　当期純利益を算定するために，決算整理によって正しい残高になった**収益及び費用のすべての勘定を「損益」勘定に振り替える**。これを「**損益振替**」という。

(2) 資本振替

　損益勘定の差額で算定された当期純利益は，株主から出資された払込金を元手として獲得した利益であり，株主に帰属する純資産を増加させるので，「資本」になる。そこで，**損益勘定で算定した「当期純利益」を「繰越利益剰余金」勘定に振り替える**。これを「**資本振替**」という。

(3) 勘定の締切
① 収益及び費用項目の勘定及び損益勘定の締切

　損益振替を行うと収益と費用項目の各勘定は貸借が一致し，残高がゼロとなる。そこで，当期と次期の区切りをつけるため，各勘定に二重線を引いて締め切る。また，資本振替を行うと「損益勘定」も貸借が一致し，残高がゼロとなるので，同様に損益勘定も締め切る。

② 資産，負債及び資本項目の勘定の締切

　損益振替及び資本振替によって収益・費用項目の各勘定及び損益勘定は残高がゼロとなるが，資産，負債及び資本項目の各勘定は残高がゼロとなる訳ではない。商品や建物といった資産は実際に期末に存在するし，銀行からの借入金も決算によってなくなるわけではない。したがって，資産，負債及び資本項目は当期末の残高を次期に繰り越す必要がある。

　そこで，資産，負債及び資本項目の各勘定を締め切るために，残高がある側とは貸借反対側に，日付欄に「**決算日の日付**」，摘要欄に「**次期繰越**」，金額欄に「**残高と同額**」を朱記（赤色で書くこと）する。これによって，各勘定は貸借が一致し，勘定を締め切る。

　（注）受験上は黒色の筆記用具しか使えないので，括弧を付して朱記であることを表す。

1．損益振替仕訳

(借) 売		上	223,000	(貸) 損		益	223,000
(借) 損		益	213,715	(貸) 仕		入	149,600
				営	業	費	35,000
				貸 倒 引 当 金 繰 入 額			240
				建 物 減 価 償 却 費			9,000
				備 品 減 価 償 却 費			16,875
				支 払 利 息			3,000

(注) 仕訳を行った際に相手勘定科目が2科目以上になる場合，勘定記入における相手勘定科目欄は原則として「諸口」と記入する。しかし，損益勘定の記入を行う場合には，例外的に「諸口」とせず，相手勘定科目をすべて記入する。

2．資本振替仕訳

(借) 損	益	9,285	(貸) 繰 越 利 益 剰 余 金	9,285

(注) 繰越利益剰余金勘定は，資本振替仕訳によって9,285増加し，繰越試算表上の金額は100,695と算定される。繰越利益剰余金勘定の記入・締切状況を示すと以下のとおりである。なお，期中において繰越利益剰余金を増減させる取引がないことを前提としている。

繰 越 利 益 剰 余 金

日 付		摘 要	借 方	日 付		摘 要	貸 方
(3)	(31)	(次 期 繰 越)	(100,695)	4	1	前 期 繰 越	91,410
				3	31	損 益	9,285
			100,695				100,695
				4	1	前 期 繰 越	100,695

Ⅷ．勘定記入について

 1．日付欄

　　転記の行われた日付（本問では取引が発生し，仕訳が行われた日付）を記入する。

 2．摘要欄

　　仕訳の**相手勘定科目名**を書く。なお，勘定科目には括弧を付さない。相手勘定科目が2つ以上ある場合には，「諸口」と書く。

 3．仕丁欄（本問では省略している）

　　その仕訳が記入されている仕訳帳のページ数を記入する。なお，仕訳の転記が終了したら，仕訳帳の元丁欄に転記された総勘定元帳の丁数を記入する。したがって，元丁欄への記入がなされていることは，その仕訳が転記済であることを意味する。

 4．金額欄

　　借方欄には仕訳帳で借方に仕訳した勘定科目の金額を，貸方欄には仕訳帳で貸方に仕訳した勘定科目の金額を記入する。

問題 2 商品売買

商品売買業を営むＴＡＣ株式会社の当事業年度（自×10年4月1日　至×11年3月31日）における下記の〔資料〕を参照して，以下の各問に答えなさい。

問1 決算整理前残高試算表における空欄①〜④に該当する金額を答えなさい。

問2 答案用紙に示されている決算整理後残高試算表を完成させなさい。

〔資料Ⅰ〕　決算整理前残高試算表

決算整理前残高試算表

×11年3月31日　　　　　　　　　　　　　　（単位：千円）

現　　　　　金	17,910	支　払　手　形	55,625
当　座　預　金	131,000	買　　掛　　金	62,400
受　取　手　形	89,500	仮　　受　　金	2,800
売　　掛　　金	107,000	貸　倒　引　当　金	3,600
有　価　証　券	22,200	建物減価償却累計額	122,200
繰　越　商　品	（　①　）	備品減価償却累計額	28,875
建　　　　　物	700,000	資　　本　　金	1,000,000
備　　　　　品	140,000	繰 越 利 益 剰 余 金	（　③　）
土　　　　　地	295,080	売　　　　　上	（　④　）
仕　　　　　入	（　②　）		
営　　業　　費	90,040		
（　？　）		（　？　）	

—16—

〔資料Ⅱ〕 期中取引の一部

1. 商品売買

(1) 商品売買はすべて掛取引である。なお、期首に商品が 340個（仕入単価@ 115千円）あった。

(2) 当期における商品売買取引は次のとおりである。

日 付	取 引	数 量	仕入単価	売上単価	備 考
4月22日	仕 入	430個	@120千円	—	—
25日	仕入戻し	20個	—	—	4月22日仕入分の返品である。
5月16日	売 上	350個	—	@200千円	—
6月7日	仕 入	250個	@125千円	—	—
7月4日	売 上	270個	—	@210千円	—
8月30日	売 上	240個	—	@210千円	—
9月10日	仕 入	280個	@130千円	—	—
10月9日	売 上	250個	—	@220千円	—
12月1日	仕 入	310個	@140千円	—	—
1月13日	売 上	360個	—	@240千円	—
3月27日	仕 入	120個	@145千円	—	—

2. 有価証券

当期9月6日にA社株式（帳簿価額 2,200千円）を 2,800千円で売却し、受取額を仮受金とする処理のみ行っている。

3. 固定資産

当期12月12日に建物 198,000千円を取得し、購入手数料 2,000千円と合わせて当座により支払った。なお、当該建物は翌月から使用している。

〔資料Ⅲ〕　決算整理事項等

1．現　金

　(1) 当期末に実査を行ったところ，次のものが保管されていた。なお，①～④については期中は現金勘定で処理しており，⑤及び⑥については期中は未処理である。

　　　① 通貨（硬貨及び紙幣）3,110千円。

　　　② 他社振出小切手 2,400千円。

　　　③ 郵便為替証書 330千円。

　　　④ 自己振出小切手 12,000千円。

　　　⑤ 株主配当金領収証 110千円。

　　　⑥ 社債利札 200千円。このうち150千円は期限未到来である。

　(2) 現金の帳簿残高と実際有高との差額原因は不明である。

2．受取手形

　　売掛金13,000千円の代金回収として自社振出約束手形を受け取った際に，受取手形勘定で処理していたことが判明した。

3．商　品

　　期末商品帳簿棚卸高は32,800千円であり，棚卸減耗等は生じていない。

4．減価償却

　　固定資産の減価償却を次のとおり行う。

　　　建　物：定額法，残存価額10％，耐用年数30年

　　　備　品：定額法，残存価額10％，耐用年数8年

5．貸倒引当金

　　売上債権期末残高に対して2％の貸倒引当金を差額補充法により設定する。

6．経過勘定

　　営業費 1,000千円を見越計上し，営業費 2,400千円について繰延処理を行う。

7．法人税等は無視すること。

【ＭＥＭＯ】

【解 答】

問1							
①	★	39,100	②	★	177,650	③	★ 215,480
④	★	318,500					

問2

決算整理後残高試算表

×11年3月31日　　　　　　　　　（単位：千円）

現　　　　　金	（★　6,000）	支　払　手　形	（★　42,625）
当　座　預　金	（★　143,000）	買　　掛　　金	（　62,400）
受　取　手　形	（　76,500）	未　払　営　業　費	（★　1,000）
売　　掛　　金	（　107,000）	貸　倒　引　当　金	（★　3,670）
有　価　証　券	（　20,000）	建物減価償却累計額	（　138,700）
繰　越　商　品	（★　32,800）	備品減価償却累計額	（★　44,625）
前　払　営　業　費	（　2,400）	資　　本　　金	（　1,000,000）
建　　　　　物	（　700,000）	繰　越　利　益　剰　余　金	（　215,480）
備　　　　　品	（　140,000）	売　　　　　上	（　318,500）
土　　　　　地	（　295,080）	有　価　証　券　利　息	（★　50）
仕　　　　　入	（★　183,950）	受　取　配　当　金	（★　110）
営　　業　　費	（★　88,640）	有　価　証　券　売　却　損　益	（★　600）
貸倒引当金繰入額	（★　70）		
建　物　減　価　償　却　費	（★　16,500）		
備　品　減　価　償　却　費	（★　15,750）		
（雑　　損　　失）	（★　70）		
	（　1,827,760）		（　1,827,760）

【採点基準】

★5点×20箇所＝100点

【解答時間及び得点】

	日　付	解答時間	得　点	Ｍ　Ｅ　Ｍ　Ｏ
1	／	分	点	
2	／	分	点	
3	／	分	点	
4	／	分	点	
5	／	分	点	

【チェック・ポイント】

出題分野	出題論点	日　付				
		／	／	／	／	／
個　別　論　点	商　　　品　　　売　　　買					
	現　金　及　び　預　金					
	有　　価　　証　　券					
	有　形　固　定　資　産　の　取　得					
	減　　価　　償　　却					
	貸　倒　引　当　金　（　差　額　補　充　法　）					
	経　　過　　勘　　定					

【出題意図】

　本問は前T/Bからスタートして，後T/Bを作成する問題なので，決算整理仕訳を行って解答して下さい。

〔資料Ⅲ〕決算整理事項等1．(1) ⑤及び⑥の取引については，期中に処理を行っていないので，その処理が前T/Bに反映されていません。このような未処理の問題は，決算整理において，本来あるべき仕訳を行って下さい。また，〔資料Ⅲ〕決算整理事項等1．(1) ④及び3．の取引については，期中に誤った処理を行っており，その処理が前T/Bに反映されています。このような誤処理の問題は，まず，①期中に実際に行った誤った仕訳を考え，次に，②本来あるべき仕訳を考え，最後に，③誤った仕訳からあるべき仕訳になるように，修正仕訳を行って下さい。初めのうちは，この3つの仕訳を下書用紙に書いて処理して下さい。そのような練習をしていると，そのうち，頭の中で修正仕訳だけがイメージできるようになってきます。

【解答への道】（単位：千円）

Ⅰ．〔資料Ⅰ〕決算整理前残高試算表の空欄推定

    ①繰　越　商　品　39,100　←　@115×340個

    ②仕　　　　　　　入　177,650　←　@120×430個－仕入戻し（@120×20個）＋@125×250個

                                      ＋@130×280個＋@140×310個＋@145×120個

    ③繰越利益剰余金　215,480　←　貸借差額

    ④売　　　　　　　上　318,500　←　@200×350個＋@210×270個＋@210×240個＋@220×250個＋@240×360個

Ⅱ．決算整理仕訳等

  1．現　金

    (1) 自己振出小切手（誤処理）

      ① 実際に行った仕訳

（借）現	金	12,000	（貸）売　　掛　　金	12,000

      ② 本来あるべき仕訳

（借）当　座　預　金(*1)	12,000	（貸）売　　掛　　金	12,000

    (*1)　自己振出小切手の受取は当座預金の増加（減少の取消）として処理する。

      ③ 修正仕訳(②－①)

（借）当　座　預　金	12,000	（貸）現	金	12,000

    (2) 株主配当金領収証（未処理）

      ① 実際に行った仕訳

仕　訳　な　し

      ② 決算整理仕訳

（借）現	金(*2)	110	（貸）受　取　配　当　金	110

    (*2)　株主配当金領収証は通貨代用証券であり，現金の増加として処理する。

    (3) 期限到来後公社債利札（未処理）

      ① 実際に行った仕訳

仕　訳　な　し

      ② 決算整理仕訳

（借）現	金(*3)	50	（貸）有　価　証　券　利　息	50(*4)

    (*3)　期限到来後の社債利札は通貨代用証券であり，現金の増加として処理する。

    (*4)　社債利札200－期限未到来社債利札150＝期限到来後社債利札50

(4) 現金過不足

| (借) | 雑 損 失 | 70(*5) | (貸) | 現 金 | 70 |

(*5) 前T/B 現金適正残高6,070(*6)－現金実際有高6,000(*7)＝70

(*6) 前T/B 現金17,910－自社振出小切手12,000＋株主配当金領収証110

＋期限到来後社債利札50(*4)＝6,070

(*7) 通貨3,110＋他社振出小切手2,400＋郵便為替証書330＋株主配当金領収証110

＋期限到来後社債利札50(*4)＝6,000

◎ 現金過不足額の算定

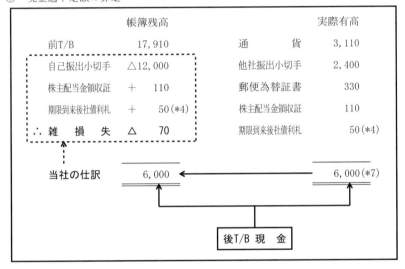

—23—

（参考１）現金の範囲

通貨	硬貨・紙幣（外国通貨を含む）	
通貨代用証券	①他社振出の当座小切手	他社が振り出した当座小切手
	②送金小切手	銀行経由の送金手段として銀行が交付する小切手
	③郵便為替証書	郵便局が送金者の依頼にもとづいて交付する証券
	④期限到来後公社債利札	公債や社債の証券にあらかじめ印刷されている利息の受領証
	⑤株主配当金領収証	保有株式に交付された配当金の受領証

（参考２）小切手の処理

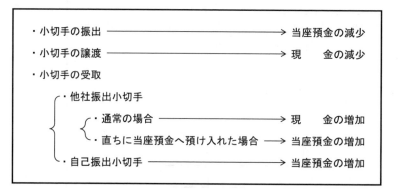

・小切手の振出 ―――――――――→ 当座預金の減少

・小切手の譲渡 ―――――――――→ 現　　金の減少

・小切手の受取

　　・他社振出小切手

　　　・通常の場合 ―――――――→ 現　　金の増加

　　　・直ちに当座預金へ預け入れた場合 ―→ 当座預金の増加

　　・自己振出小切手 ――――――→ 当座預金の増加

2．有価証券（Ａ社株式）

(1) 実際に行った仕訳

(借)	現	金	2,800	(貸)	仮	受	金	2,800

(2) 本来あるべき仕訳

(借)	現	金	2,800	(貸)	有 価 証 券	2,200
					有 価 証 券 売 却 損 益	600(*1)

(*1) 売却価額2,800－帳簿価額2,200＝600

(3) 修正仕訳（(2)－(1)）

(借)	仮	受	金	2,800	(貸)	有 価 証 券	2,200
						有 価 証 券 売 却 損 益	600(*1)

3．受取手形（誤処理）

(1) 実際に行った仕訳

(借)	受 取 手 形	13,000	(貸)	売 掛 金	13,000

(2) 本来あるべき仕訳

(借)	支 払 手 形(*1)	13,000	(貸)	売 掛 金	13,000

(*1) 自社振出約束手形の受取は支払手形の減少として処理する。

(3) 修正仕訳（(2)－(1)）

(借)	支 払 手 形	13,000	(貸)	受 取 手 形	13,000

4．商　品

(借)	仕	入	39,100	(貸)	繰 越 商 品	39,100
(借)	繰 越 商 品	32,800	(貸)	仕	入	32,800

5．固定資産

(1) 建　物

　　① ×10年12月12日における取得の仕訳（期中処理済）

| (借) | 建 | 物 | 200,000(*1) | (貸) | 当 | 座 | 預 | 金 | 200,000 |

(*1)　購入代価198,000＋付随費用2,000＝取得原価200,000

(注)　取得原価は，購入代価に購入手数料等の付随費用を加えて算定する。

(注)　問題文に期中取引の資料が与えられていても，①未処理又は未記帳との指示がある場合，及び，②明らかに未処理又は未記帳であると判断できる場合以外は，期中に適正に処理されていると考え，決算整理において再度，仕訳は行わないこと。本問においては，前T/B における建物の金額に期中取得分が含まれている点に注意すること。

　　② 減価償却費

| (借) | 建 物 減 価 償 却 費 | 16,500(*2) | (貸) | 建 物 減 価 償 却 累 計 額 | 16,500 |

(*2)　(前T/B 700,000－期中取得分200,000(*1))×0.9÷30年

$$+期中取得分200,000(*1)×0.9÷30年× \frac{3 ヶ月 (X11.1～X11.3)}{12ヶ月}=16,500$$

(注)　期中に取得し，使用し始めた建物 200,000(*1)については使用開始時（本問においては×11年１月）から月割で減価償却費を計算する。なお，取得日から減価償却計算を行うのではない点に注意すること。

(2) 備　品

| (借) | 備 品 減 価 償 却 費 | 15,750(*1) | (貸) | 備 品 減 価 償 却 累 計 額 | 15,750 |

(*1)　140,000×0.9÷8年＝15,750

6．貸倒引当金

| (借) | 貸 倒 引 当 金 繰 入 額 | 70 | (貸) | 貸 倒 引 当 金 | 70(*1) |

(*1)　{受取手形(前T/B 89,500－誤処理分13,000)＋売掛金107,000}×2％－前T/B 貸倒引当金3,600＝70

(注)　売上債権の誤処理事項・未処理事項があるため前T/B と後T/B の売上債権の金額が変動する場合には，まず，誤処理事項・未処理事項を処理し，その後に貸倒引当金の処理を行う。

7．経過勘定

| (借) | 営 | 業 | 費 | 1,000 | (貸) | 未 払 営 業 費 | 1,000 |
| (借) | 前 払 営 業 費 | 2,400 | (貸) | 営 | 業 | 費 | 2,400 |

【MEMO】

問題 **3** 期首スタート問題①

商品売買業を営むTAC株式会社の当事業年度（自×10年4月1日　至×11年3月31日）における下記の〔資料〕を参照して，答案用紙に示されている決算整理後残高試算表を完成させなさい。

〔資料Ⅰ〕　前期末繰越試算表

前 期 末 繰 越 試 算 表

×10年3月31日　　　　　　　　　　　（単位：千円）

現　　　　　　金	13,000	支　払　手　形		178,000
当　座　預　金	287,000	買　　掛　　金		135,000
受　取　手　形	157,000	未　払　営　業　費		12,000
売　　掛　　金	285,000	貸　倒　引　当　金		11,800
繰　越　商　品	44,000	建物減価償却累計額		100,000
貯　　蔵　　品	80	資　　本　　金		934,400
建　　　　　物	600,000	繰　越　利　益　剰　余　金		214,880
土　　　　　地	200,000			
	1,586,080			1,586,080

（注）前期末繰越試算表上の貯蔵品は，消耗品に係るものである。

〔資料Ⅱ〕　当期における期中取引の要約

1．商品売買

(1) 仕　入

当　座　仕　入：175,000千円　　　掛　仕　入：228,000千円　　　手　形　仕　入：145,000千円

(2) 売　上

当　座　売　上：210,000千円　　　掛　売　上：345,000千円　　　手　形　売　上：226,000千円

2．固定資産

×11年1月17日に土地50,000千円を購入し，小切手を振り出して支払った。

—28—

３．債権債務等

(1) 受取手形の決済 他社振出小切手の受取 87,000千円

当座振込による回収 290,000千円

(2) 売掛金の決済 他社振出小切手の受取 51,000千円

当社振出小切手の受取 10,000千円

当座振込による回収 62,000千円

他社振出約束手形の受取 160,000千円

(3) 支払手形の決済 小切手の振出 298,000千円

(4) 買掛金の決済 小切手の振出 32,000千円

約束手形の振出 135,000千円

約束手形の裏書譲渡 60,000千円

(5) 資金の貸付 小切手の振出 11,000千円

４．有価証券

(1) X社株式 100株を@20千円で取得し，小切手を振り出して支払った。

(2) X社株式80株を@21千円で売却し，他社振出小切手を受け取った。

５．その他の事項

(1) 前期に割り引いていた手形35,000千円と裏書譲渡していた手形53,000千円が期日に決済された。

(2) 当社保有の手形50,000千円を取引銀行で割り引き，割引料 300千円が差し引かれた残額を当座に預け入れた。

(3) 営業費75,000千円について 9,000千円については現金で支払い，残額は小切手を振り出して支払った。

(4) 期末に保有していた他社振出小切手 120,000千円を当座に預け入れた。

(5) 消耗品 600千円を購入し，小切手を振り出して支払った。

(6) 固定資産税 5,500千円を小切手を振り出して支払った。

〔資料Ⅲ〕 決算整理事項等

1. 商 品

期末商品帳簿棚卸高は45,000千円であり，棚卸減耗等は生じていない。

2. 消耗品

当期末に消耗品が70千円分残っている。

3. 減価償却

種 類	方 法	残存価額	耐用年数
建 物	定 額 法	ゼロ	30年

4. 貸倒引当金

貸倒引当金12,090千円を差額補充法により設定する。

5. 営業費の見越が 1,150千円，受取利息の見越が 110千円あった。

6. 法人税，住民税及び事業税は無視すること。

【MEMO】

【解 答】

決算整理後残高試算表

×11年3月31日 （単位：千円）

現　　　　　金	（★　23,680）	支　払　手　形	（★　160,000）
当　座　預　金	（★　388,600）	買　　掛　　金	（★　136,000）
受　取　手　形	（★　56,000）	未　払　営　業　費	（★　1,150）
売　　掛　　金	（★　347,000）	貸　倒　引　当　金	（　12,090）
有　価　証　券	（★　400）	建物減価償却累計額	（★　120,000）
繰　越　商　品	（★　45,000）	資　　本　　金	（　934,400）
貯　　蔵　　品	（★　70）	繰越利益剰余金	（★　214,880）
未　収　利　息	（★　110）	売　　　　　上	（★　781,000）
貸　　付　　金	（★　11,000）	受　取　利　息	（★　110）
建　　　　　物	（　600,000）	有価証券売却損益	（★　80）
土　　　　　地	（★　250,000）		
仕　　　　　入	（★　547,000）		
営　　業　　費	（★　64,150）		
消　耗　品　費	（★　610）		
租　税　公　課	（★　5,500）		
貸倒引当金繰入額	（★　290）		
建物減価償却費	（★　20,000）		
手　形　売　却　損	（★　300）		
	（　2,359,710）		（　2,359,710）

【採点基準】

★ 4 点×25箇所＝100点

【解答時間及び得点】

	日 付	解答時間	得 点	M E M O
1	／	分	点	
2	／	分	点	
3	／	分	点	
4	／	分	点	
5	／	分	点	

【チェック・ポイント】

出題分野	出題論点	日 付				
		／	／	／	／	／
個 別 論 点	小 切 手 の 処 理					
	約 束 手 形					
	割 引 手 形					
	裏 書 手 形					
	有 価 証 券					
	有 形 固 定 資 産 の 取 得					
	減 価 償 却					
	消 耗 品					
	租 税 公 課					
	貸 付 金					
	貸 倒 引 当 金 （ 差 額 補 充 法 ）					

【出題意図】

　本問は前期末繰越T/B からスタートし，後T/B を作成する期首スタートの問題です。本問を機に効率的な解法をマスターして下さい。問題文で与えられている前期末繰越T/B に，期中取引仕訳と決算整理仕訳を加味することによって後T/B は作成されます。実践的な解法としては，問題1で解説したように，下書用紙にT勘定（T字型の略式勘定）を設定するとよいでしょう。

【解答への道】 （単位：千円）

Ⅰ．期　首

(借)	未	払 営 業 費	12,000	(貸)	営		業		費	12,000
(借)	消	耗 品 費	80	(貸)	貯		蔵		品	80

（注）　消耗品の処理方法として，購入時に費用勘定で処理する「費用主義」と，購入時に資産勘定で処理する「資産主義」の２つがあるが，本問では消耗品の処理として費用主義を採用していると仮定する。なお，費用主義では使用することを前提として期中は費用勘定で処理するので，期首において資産である「貯蔵品」勘定から費用である「消耗品費」勘定に振り替える。

（参考１）費用主義及び資産主義について

　１．費用主義

　　費用主義とは，期中は「費用」勘定（本問では消耗品費）で処理しておき，決算において，未使用分を「資産」勘定（本問では貯蔵品）に振り替える方法である。

　　(1) 期首の仕訳

(借)	消	耗 品 費	80	(貸)	貯	蔵		品	80

　　(2) 期中購入時の仕訳

(借)	消	耗 品 費	600	(貸)	当	座	預	金	600

　　(3) 決算整理仕訳

(借)	貯	蔵 品	70	(貸)	消	耗	品	費	70

　２．資産主義

　　資産主義とは，期中は「資産」勘定（本問では貯蔵品）で処理しておき，決算において，使用分を「費用」勘定（本問では消耗品費）に振り替える方法である。

　　(1) 期首の仕訳

仕　訳　な　し

　　(2) 期中購入時の仕訳

(借)	貯	蔵 品	600	(貸)	当	座	預	金	600

　　(3) 決算整理仕訳

(借)	消	耗 品 費	610(*1)	(貸)	貯	蔵		品	610

(*1)　（期首80＋当期購入分600）－期末未使用分70＝当期使用分610

（注）　費用主義を採用した場合も資産主義を採用した場合も，後T/Bにおける貯蔵品勘定の金額は70（未使用分），消耗品費勘定の金額は610（使用分）と同じになる。

Ⅱ．期中取引仕訳

1．商品売買

（借）	仕			入	548,000	（貸）	当	座	預	金	175,000
							買		掛	金	228,000
							支	払	手	形	145,000
（借）	当	座	預	金	210,000	（貸）	売			上	781,000
	売		掛	金	345,000						
	受	取	手	形	226,000						

2．固定資産

（借）	土			地	50,000	（貸）	当	座	預	金	50,000

3．債権債務等

(1) 受取手形の決済

（借）	現			金	87,000	（貸）	受	取	手	形	87,000
（借）	当	座	預	金	290,000	（貸）	受	取	手	形	290,000

(2) 売掛金の決済

（借）	現			金	51,000	（貸）	売		掛	金	51,000
（借）	当	座	預	金(*1)	10,000	（貸）	売		掛	金	10,000
（借）	当	座	預	金	62,000	（貸）	売		掛	金	62,000
（借）	受	取	手	形(*2)	160,000	（貸）	売		掛	金	160,000

(*1) 当社振出小切手の受取は，当座預金の増加（減少の取消）として処理する。

(*2) 他社振出約束手形の受取は，受取手形の増加として処理する。

(3) 支払手形の決済

（借）	支	払	手	形	298,000	（貸）	当	座	預	金	298,000

(4) 買掛金の決済

（借）	買		掛	金	32,000	（貸）	当	座	預	金	32,000
（借）	買		掛	金	135,000	（貸）	支	払	手	形(*1)	135,000
（借）	買		掛	金	60,000	（貸）	受	取	手	形(*2)	60,000

(*1) 約束手形の振出は，支払手形の増加として処理する。

(*2) 約束手形の裏書譲渡は，受取手形の減少として処理する。

(5) 資金の貸付

（借）	貸		付	金	11,000	（貸）	当	座	預	金	11,000

（参考２）約束手形の処理

1．約束手形（振出人＝支払人，名宛人＝受取人）

　(1) 約 束 手 形 の 振 出 → 支払手形の増加として処理する。

　(2) 他社振出約束手形の受取 → 受取手形の増加として処理する。

　(3) 自社振出約束手形の受取 → 支払手形の減少として処理する。

4．有価証券

(1) 取　得

（借）有 価 証 券	2,000(*1)	（貸）当 座 預 金	2,000

(*1)　取得原価@20×100株＝2,000

(2) 売　却

（借）現　　　　　金	1,680(*2)	（貸）有 価 証 券	1,600(*1)
		有 価 証 券 売 却 損 益	80

(*1)　取得原価@20×80株＝1,600

(*2)　売却価額@21×80株＝1,680

5．その他の事項

（借）当 座 預 金	49,700	（貸）受 取 手 形(*1)	50,000
手 形 売 却 損	300		
（借）営 業 費	75,000	（貸）現　　　　　金	9,000
		当 座 預 金	66,000
（借）当 座 預 金	120,000	（貸）現　　　　　金	120,000
（借）消 耗 品 費	600	（貸）当 座 預 金	600
（借）租 税 公 課(*2)	5,500	（貸）当 座 預 金	5,500

(*1)　手形の割引は，受取手形の減少として処理する。

(注)　割引手形及び裏書手形の決済については，仕訳を行わない。

(*2)　固定資産税は，租税公課勘定（費用）で処理する。

Ⅲ．決算整理前残高試算表

決算整理前残高試算表

×11年3月31日

借方		貸方	
現　　　　　　　金	23,680	支　払　手　形	160,000
当　座　預　金	388,600	買　　掛　　金	136,000
受　取　手　形	56,000	貸　倒　引　当　金	11,800
売　　掛　　金	347,000	建物減価償却累計額	100,000
有　価　証　券	400	資　　本　　金	934,400
繰　越　商　品	44,000	繰　越　利　益　剰　余　金	214,880
貸　　付　　金	11,000	売　　　　上	781,000
建　　　　　物	600,000	有　価　証　券　売　却　損　益	80
土　　　　　地	250,000		
仕　　　　　入	548,000		
営　　業　　費	63,000		
消　耗　品　費	680		
租　税　公　課	5,500		
手　形　売　却　損	300		
	2,338,160		2,338,160

Ⅳ．決算整理仕訳

1．商品

| (借) | 仕 | 入 | 44,000 | (貸) | 繰 越 商 品 | 44,000 |
| (借) | 繰 越 商 品 | | 45,000 | (貸) | 仕 入 | 45,000 |

<table>
<tr><th colspan="2" style="text-align:center">商　　品</th></tr>
<tr><td>期　首
44,000</td><td>売上原価（後T/B 仕入）
∴ 547,000</td></tr>
<tr><td>当期仕入（前T/B 仕入）
548,000</td><td>期　末
45,000</td></tr>
</table>

2．消耗品

| (借) | 貯 蔵 品 | 70 | (貸) | 消 耗 品 費 | 70 |

3．減価償却

| (借) | 建 物 減 価 償 却 費 | 20,000(*1) | (貸) | 建 物 減 価 償 却 累 計 額 | 20,000 |

（*1）　600,000÷30年＝20,000

4．貸倒引当金

| (借) | 貸 倒 引 当 金 繰 入 額 | 290(*1) | (貸) | 貸 倒 引 当 金 | 290 |

（*1）　12,090－前T/B 貸倒引当金11,800＝290

5．経過勘定

| (借) | 営 業 費 | 1,150 | (貸) | 未 払 営 業 費 | 1,150 |
| (借) | 未 収 利 息 | 110 | (貸) | 受 取 利 息 | 110 |

Ⅴ．勘定分析（正確な勘定記入ではなく，取引内容を示している）

現　　　金

期　　首	13,000	営 業 費	9,000
受取手形	87,000	当座預金	120,000
売 掛 金	51,000		
有価証券	1,680	期　　末 ∴	23,680

支 払 手 形

当座預金	298,000	期　　首	178,000
		仕　　入	145,000
期　　末 ∴	160,000	買 掛 金	135,000

当 座 預 金

期　　首	287,000	仕　　入	175,000
売　　上	210,000	土　　地	50,000
受取手形	290,000	支払手形	298,000
売 掛 金	10,000	買 掛 金	32,000
売 掛 金	62,000	貸 付 金	11,000
手形割引	49,700	有価証券	2,000
現　　金	120,000	営 業 費	66,000
		消耗品費	600
		租税公課	5,500
		期　　末 ∴	388,600

買 掛 金

当座預金	32,000	期　　首	135,000
支払手形	135,000	仕　　入	228,000
受取手形	60,000		
期　　末 ∴	136,000		

受 取 手 形

期　　首	157,000	現　　金	87,000
売　　上	226,000	当座預金	290,000
売 掛 金	160,000	買 掛 金	60,000
		手形割引	50,000
		期　　末 ∴	56,000

売 掛 金

期　　首	285,000	現　　金	51,000
売　　上	345,000	当座預金	10,000
		当座預金	62,000
		受取手形	160,000
		期　　末 ∴	347,000

商品売買業を営むＴＡＣ株式会社の当事業年度（自×4年4月1日　至×5年12月31日）における下記の〔資料〕を参照して，以下の各問に答えなさい。

| 問1 | 答案用紙に示されている決算整理前残高試算表を完成させなさい。 |

| 問2 | 答案用紙に示されている損益計算書及び貸借対照表を完成させなさい。 |

〔資料Ⅰ〕　前期末繰越試算表

前 期 末 繰 越 試 算 表
×4年3月31日　　　　　　　　　　　　　　　（単位：千円）

現　　　　　　　　金	135,000	支　払　手　形	81,000
当　座　預　金	400,000	買　　掛　　金	140,000
受　取　手　形	80,000	前　受　地　代	9,000
売　　掛　　金	150,000	貸　倒　引　当　金	2,000
繰　越　商　品	35,000	建物減価償却累計額	270,000
建　　　　　物	500,000	資　　本　　金	1,000,000
土　　　　　地	300,000	繰　越　利　益　剰　余　金	298,000
貸　　付　　金	200,000		
	1,800,000		1,800,000

〔資料Ⅱ〕　期中取引

1．商品を 300,000千円で掛仕入し，その際に引取費用 5,000千円を現金で支払った。

2．仕入先から 500千円の値引を受け，掛代金が減額された。

3．商品を 498,000千円で掛売上した。

4．売掛金のうち 490,000千円を他社振出約束手形により回収した。

5．買掛金のうち 280,000千円を約束手形の振出により決済した。

6．受取手形のうち 380,000千円を他社振出小切手により回収し，40,000千円を自己振出小切手により回収した。なお，他社振出小切手は直ちに当座に預け入れている。

7．当社振出約束手形のうち 270,000千円を小切手の振出により決済した。

8．×5年1月1日に向こう1年分の地代12,000千円を他社振出小切手により受け取った。なお，地代は毎年1月1日に1年分を前受けしている。

9．〔資料Ⅰ〕の貸付金は×3年4月1日に貸し付けたものであり，利払日3月末，貸付期間4年，年利率5％である。なお，×5年3月31日に当期の利息　？　千円が当座に振り込まれた。

〔資料Ⅲ〕　決算整理事項

1．期末商品棚卸高は27,000千円である。

2．売上債権期末残高に対して1％の貸倒引当金を差額補充法により設定する。

3．建物の減価償却は定額法（耐用年数50年，残存価額10％）により行う。

4．受取地代の繰延が　？　千円ある。

【解 答】

問1

決算整理前残高試算表

×5年3月31日 （単位：千円）

現 金	（★ 142,000 ）	支 払 手 形	（★ 91,000 ）
当 座 預 金	（★ 560,000 ）	買 掛 金	（ 159,500 ）
受 取 手 形	（★ 150,000 ）	貸 倒 引 当 金	（ 2,000 ）
売 掛 金	（ 158,000 ）	建物減価償却累計額	（ 270,000 ）
繰 越 商 品	（ 35,000 ）	資 本 金	（ 1,000,000 ）
建 物	（ 500,000 ）	繰 越 利 益 剰 余 金	（ 298,000 ）
土 地	（ 300,000 ）	売 上	（★ 498,000 ）
貸 付 金	（ 200,000 ）	受 取 利 息	（ 10,000 ）
仕 入	（★ 304,500 ）	受 取 地 代	（★ 21,000 ）
	（ 2,349,500 ）		（ 2,349,500 ）

問2

損 益 計 算 書

自×4年4月1日 至×5年3月31日 （単位：千円）

売 上 原 価	（★ 312,500 ）	売 上 高	（★ 498,000 ）
貸 倒 引 当 金 繰 入 額	（★ 1,080 ）	受 取 利 息	（★ 10,000 ）
建 物 減 価 償 却 費	（★ 9,000 ）	受 取 地 代	（★ 12,000 ）
当 期 純 利 益	（ 197,420 ）		
	（ 520,000 ）		（ 520,000 ）

貸 借 対 照 表

×5年3月31日 （単位：千円）

現 金 及 び 預 金	（★ 702,000 ）	支 払 手 形	（ 91,000 ）
受 取 手 形	（ 150,000 ）	買 掛 金	（★ 159,500 ）
貸 倒 引 当 金	（ △ 1,500 ）	前 受 収 益	（★ 9,000 ）
売 掛 金	（ 158,000 ）	資 本 金	（ 1,000,000 ）
貸 倒 引 当 金	（★ △ 1,580 ）	繰 越 利 益 剰 余 金	（★ 495,420 ）
商 品	（★ 27,000 ）		
建 物	（ 500,000 ）		
減 価 償 却 累 計 額	（★ △279,000 ）		
土 地	（ 300,000 ）		
貸 付 金	（ 200,000 ）		
	（ 1,754,920 ）		（ 1,754,920 ）

【採点基準】

★ 5 点×20箇所＝100点

【解答時間及び得点】

	日　付	解答時間	得　点	Ｍ　Ｅ　Ｍ　Ｏ
1	／	分	点	
2	／	分	点	
3	／	分	点	
4	／	分	点	
5	／	分	点	

【チェック・ポイント】

出題分野	出題論点	日　付				
		／	／	／	／	／
個　別　論　点	商　　品　　売　　買					
	経　　過　　勘　　定					
	減　　価　　償　　却					
	貸　倒　引　当　金（差　額　補　充　法）					

【出題意図】

　本問は前期末繰越T/B からスタートし，財務諸表を作成する期首スタートの問題です。財務諸表の作成問題であっても，行うべき処理は「期中仕訳」と「決算整理仕訳」です。したがって，後T/B の作成と何ら変わりません。ただし，帳簿上の勘定科目と財務諸表で表示される勘定科目が異なるものがある点に注意しましょう。

【解答への道】（単位：千円）

Ⅰ．再振替仕訳

（借）前 受 地 代	9,000(*1)	（貸）受 取 地 代	9,000

(*1) 〔資料Ⅰ〕前期末繰越試算表より

Ⅱ．期中取引仕訳

1．仕 入

（借）仕 入	305,000(*1)	（貸）買 掛 金	300,000
		現 金	5,000

(*1) 購入代価300,000＋付随費用5,000＝取得原価305,000

2．仕入値引

（借）買 掛 金	500	（貸）仕 入	500

3．売 上

（借）売 掛 金	498,000	（貸）売 上	498,000

4．売掛金の決済

（借）受 取 手 形	490,000	（貸）売 掛 金	490,000

5．買掛金の決済

（借）買 掛 金	280,000	（貸）支 払 手 形	280,000

6．受取手形の決済

（借）当 座 預 金	420,000(*1)	（貸）支 払 手 形	420,000

(*1) 他社振出小切手（直ちに当座に預入）380,000＋自己振出小切手40,000＝420,000

(注) 自己振出小切手の受取は当座預金の増加（減少の取消）として処理する。

7．支払手形の決済

（借）支 払 手 形	270,000	（貸）当 座 預 金	270,000

8．地代の受取

（借）現 金	12,000	（貸）受 取 地 代	12,000

9．貸付金に係る利息の受取

（借）当 座 預 金	10,000	（貸）受 取 利 息	10,000(*1)

(*1) 200,000×5％＝10,000

Ⅲ．決算整理仕訳

1．売上原価の算定

（借） 仕 入	35,000	（貸） 繰 越 商 品	35,000
（借） 繰 越 商 品	27,000	（貸） 仕 入	27,000

商　品

期　首 35,000	売上原価（後T/B 仕入） ∴ 312,500
当期仕入（前T/B 仕入） 304,500	期　末 27,000

2．減価償却

（借） 建 物 減 価 償 却 費	9,000(*1)	（貸） 建 物 減 価 償 却 累 計 額	9,000

(*1)　$500,000 \times 0.9 \div 50年 = 9,000$

3．経過勘定

（借） 受 取 地 代	9,000	（貸） 前 受 地 代	9,000(*1)

(*1)　$12,000 \times \dfrac{9ヶ月（X5.4 \sim X5.12）}{12ヶ月} = 9,000$

4．貸倒引当金の設定

（借） 貸 倒 引 当 金 繰 入 額	1,080(*1)	（貸） 貸 倒 引 当 金	1,080

(*1)　前T/B(受取手形150,000＋売掛金158,000)×1％－前T/B 貸倒引当金2,000＝1,080

Ⅳ. 決算整理後残高試算表

決算整理後残高試算表
×5年3月31日

現　　　　　金(*1)	142,000	支　払　手　形		91,000
当　座　預　金(*1)	560,000	買　　掛　　金		159,500
受　取　手　形	150,000	前　受　地　代(*3)		9,000
売　　掛　　金	158,000	貸　倒　引　当　金		3,080
繰　越　商　品(*2)	27,000	建物減価償却累計額		279,000
建　　　　　物	500,000	資　　本　　金		1,000,000
土　　　　　地	300,000	繰　越　利　益　剰　余　金		298,000
貸　　付　　金	200,000	売　　　　　上(*2)		498,000
仕　　　　　入(*2)	312,500	受　取　利　息		10,000
貸倒引当金繰入額	1,080	受　取　地　代		12,000
建物減価償却費	9,000			
	2,359,580			2,359,580

(*1)　貸借対照表上，「現金」と「当座預金」はまとめて，「現金及び預金」として表示される。

(*2)　三分法における損益計算書及び貸借対照表の表示は以下のとおりである。

帳簿上の勘定科目	仕　　　　　入	売　　　　　上	繰　越　商　品
財務諸表上の表示科目	売　上　原　価	売　上　高	商　　　　　品

(*3)　貸借対照表上，「前受収益」として表示される。

（参考1）経過勘定の貸借対照表表示

　　経過勘定の仕訳を行う際の勘定科目は「前払利息」「前受利息」「未払利息」「未収利息」等の具体的な科目を使用するが，経過勘定を貸借対照表に表示する際は「前払費用」「前受収益」「未払費用」「未収収益」という包括的な科目で表示する。

［勘定科目］	［貸借対照表表示］
「前払利息」，「前払家賃」等 ━━━━▶	まとめて「前払費用」
「前受利息」，「前受家賃」等 ━━━━▶	まとめて「前受収益」
「未払利息」，「未払家賃」等 ━━━━▶	まとめて「未払費用」
「未収利息」，「未収家賃」等 ━━━━▶	まとめて「未収収益」

【ＭＥＭＯ】

問題⑤ 商品の払出単価の計算

　商品売買業を営むＴＡＣ株式会社の当事業年度（自×10年１月１日　至×10年12月31日）における下記の〔資料〕を参照して，以下の各問に答えなさい。

問1 決算整理前残高試算表における繰越商品勘定及び仕入勘定の金額を答えなさい。

問2 答案用紙に示されている決算整理後残高試算表を完成させなさい。

問3 仮に，商品の払出単価の計算を移動平均法によって行った場合，決算整理前残高試算表及び決算整理後残高試算表における繰越商品勘定，仕入勘定の金額を答えなさい。

〔資料Ⅰ〕　前期末繰越試算表

繰 越 試 算 表

×９年12月31日　　　　　　　　　　　　　　（単位：千円）

現 金 預 金	30,500	支 払 手 形	8,800
受 取 手 形	40,000	未 払 営 業 費	1,000
売 掛 金	26,500	貸 倒 引 当 金	3,325
繰 越 商 品	10,000	建物減価償却累計額	71,600
建 物	220,000	資 本 金	455,000
土 地	500,000	繰 越 利 益 剰 余 金	287,275
	827,000		827,000

〔資料Ⅱ〕 当期における期中取引の要約

1. 商品売買

(1) 商品売買取引はすべて掛で行われている。なお、期首に商品が 100個（仕入単価@ 100千円）あった。

(2) 当期における商品売買取引は次のとおりである。

日 付	取 引	数 量	仕入単価	売上単価
1月2日	仕 入	200個	@115千円	—
2月4日	売 上	120個	—	@165千円
4月6日	仕 入	300個	@120千円	—
5月8日	売 上	200個	—	@165千円
6月2日	仕 入	150個	@127千円	—
7月4日	売 上	230個	—	@165千円
8月6日	仕 入	250個	@129千円	—
10月8日	売 上	150個	—	@165千円
11月2日	仕 入	100個	@128千円	—
12月4日	売 上	200個	—	@165千円

2. 固定資産

取得原価60,000千円の土地を ？ 千円で売却し、代金は他社振出小切手で受け取り、直ちに当座に預け入れた。

3. 債権債務

(1) 売掛金76,000千円を約束手形により回収した。

(2) 買掛金 100,500千円の決済のために、約束手形を振り出した。

(3) 売掛金 7,000千円が貸し倒れた。

4. その他の取引

(1) 得意先A社が負担すべき営業費 ？ 千円を現金で立替払いした。

(2) 給料のうち所得税源泉徴収額 250千円を控除した残額 ？ 千円を現金で支払った。

5. 現金預金勘定の要約

現 金 預 金		（単位：千円）	
前 期 繰 越	30,500	支 払 手 形 の 決 済	75,500
受 取 手 形 の 決 済	81,000	買 掛 金 の 決 済	11,200
売 掛 金 の 決 済	27,000	営 業 費 の 支 払	14,750
土 地 の 売 却 代 金	95,000	得意先負担営業費の立替払	1,850
		給 料 の 支 払	2,250

〔資料Ⅲ〕　決算整理事項等

1．商　品

　(1) 商品の払出単価は，先入先出法により算定している。

　(2) 棚卸減耗等は生じていない。

2．減価償却

　　固定資産の減価償却を次のとおり行う。

　　　建　　物：定額法，残存価額10％，耐用年数30年

3．貸倒引当金

　　売上債権期末残高に対して5％の貸倒引当金を差額補充法により設定する。

4．営業費の見越が 800千円ある。

5．法人税等については無視すること。

【MEMO】

解答 5 商品の払出単価の計算

【解 答】

問1

繰越商品勘定	★	10,000 千円
仕 入 勘 定	★	123,100 千円

問2

決算整理後残高試算表

×10年12月31日 (単位：千円)

現 金 預 金	(★ 127,950)	支 払 手 形 (★ 33,800)
受 取 手 形	(★ 35,000)	買 掛 金 (★ 11,400)
売 掛 金	(★ 65,000)	未 払 営 業 費 (★ 800)
繰 越 商 品	(★ 25,700)	預 り 金 (★ 250)
立 替 金	(★ 1,850)	貸 倒 引 当 金 (★ 5,000)
建 物	(220,000)	建物減価償却累計額 (78,200)
土 地	(440,000)	資 本 金 (455,000)
仕 入	(★ 107,400)	繰 越 利 益 剰 余 金 (★ 287,275)
営 業 費	(★ 14,550)	売 上 (★ 148,500)
給 料	(★ 2,500)	土 地 売 却 益 (★ 35,000)
貸 倒 損 失	(★ 3,675)	
貸倒引当金繰入額	(★ 5,000)	
建 物 減 価 償 却 費	(★ 6,600)	
	(1,055,225)	(1,055,225)

問3

	決算整理前残高試算表		決算整理後残高試算表	
	繰越商品勘定	仕 入 勘 定	繰越商品勘定	仕 入 勘 定
移 動 平 均 法	★ 10,000 千円	★ 123,100 千円	★ 25,150 千円	★ 107,950 千円

【採点基準】

★ 4 点 × 25 箇所 ＝ 100 点

【解答時間及び得点】

	日 付	解答時間	得 点	Ｍ Ｅ Ｍ Ｏ
1	／	分	点	
2	／	分	点	
3	／	分	点	
4	／	分	点	
5	／	分	点	

【チェック・ポイント】

出題分野	出題論点	日 付				
		／	／	／	／	／
個 別 論 点	商品の払出単価の計算（先入先出法）					
	商品の払出単価の計算（移動平均法）					
	貸 倒 処 理					
	有 形 固 定 資 産 の 売 却					
	減 価 償 却					
	立 替 金 ・ 預 り 金					
	貸 倒 引 当 金 （ 差 額 補 充 法 ）					

【出題意図】

　本問は前期末繰越T/B からスタートし，後T/B を作成する問題です。したがって，期中取引仕訳及び決算整理仕訳を行って後T/B を作成して下さい。

　内容的には，商品の払出単価の計算をメインとした問題になっています。三分法で記帳しているかぎり，どのような払出単価の計算方法を採用しても，外部からの当期仕入高を表す前T/B における仕入勘定の金額は等しくなります。払出単価の計算方法は売り上げた商品の原価である売上原価の決定とそれに伴う期末商品の原価を決定する際に用いられる方法です。したがって，各払出単価の計算方法で異なってくるのは，売上原価及び期末商品の金額です。各払出単価の計算方法を採用した場合の売上原価及び期末商品の金額を効率的に解答できるように練習して下さい。

　また，資料として，現金預金勘定が与えられています。現金預金勘定から期中に行われた仕訳を読み取って解答して下さい。

【解答への道】（単位：千円）

Ⅰ．再振替仕訳

(借)	未 払 営 業 費	1,000	(貸)	営 業 費	1,000

Ⅱ．期中取引仕訳

1．商品売買

(借)	仕	入	23,000(*1)	(貸)	買 掛 金	23,000
(借)	売 掛 金		19,800	(貸)	売 上	19,800(*2)
(借)	仕	入	36,000(*3)	(貸)	買 掛 金	36,000
(借)	売 掛 金		33,000	(貸)	売 上	33,000(*4)
(借)	仕	入	19,050(*5)	(貸)	買 掛 金	19,050
(借)	売 掛 金		37,950	(貸)	売 上	37,950(*6)
(借)	仕	入	32,250(*7)	(貸)	買 掛 金	32,250
(借)	売 掛 金		24,750	(貸)	売 上	24,750(*8)
(借)	仕	入	12,800(*9)	(貸)	買 掛 金	12,800
(借)	売 掛 金		33,000	(貸)	売 上	33,000(*10)

(*1)　@115×200個＝23,000

(*2)　@165×120個＝19,800

(*3)　@120×300個＝36,000

(*4)　@165×200個＝33,000

(*5)　@127×150個＝19,050

(*6)　@165×230個＝37,950

(*7)　@129×250個＝32,250

(*8)　@165×150個＝24,750

(*9)　@128×100個＝12,800

(*10)　@165×200個＝33,000

(注)　解答上は上記仕訳をまとめて，以下のように処理した方が効率的である。

(借)	仕	入	123,100(*11)	(貸)	買 掛 金	123,100
(借)	売 掛 金		148,500	(貸)	売 上	148,500(*12)

(*11)　23,000(*1)＋36,000(*3)＋19,050(*5)＋32,250(*7)＋12,800(*9)＝123,100

(*12)　19,800(*2)＋33,000(*4)＋37,950(*6)＋24,750(*8)＋33,000(*10)＝148,500

　　　　又は，@165×(120個＋200個＋230個＋150個＋200個)＝148,500

2．土地の売却

(借)	現　金　預　金	95,000(*1)	(貸)	土			地	60,000
				土　地　売　却　益				35,000(*2)

(*1)　現金預金勘定の借方「土地の売却代金」より

(*2)　貸借差額

3．債権債務

(借)	受　取　手　形	76,000	(貸)	売	掛	金	76,000
(借)	買　　掛　　金	100,500	(貸)	支　払　手　形			100,500
(借)	貸　倒　引　当　金	3,325	(貸)	売	掛	金	7,000
	貸　倒　損　失	3,675(*1)					

(*1)　貸倒額7,000－前T/B 貸倒引当金3,325＝貸倒損失3,675

(注)　貸倒損失の金額が貸倒引当金残高を上回る場合，当該不足額は「貸倒損失」勘定を用いて処理する。

4．その他の取引

(借)	立　　替　　金	1,850	(貸)	現　金　預　金	1,850(*1)
(借)	給　　　　料	2,500	(貸)	預　　り　　金	250(*2)
				現　金　預　金	2,250(*3)

(*1)　現金預金勘定の貸方「得意先負担営業費の立替払」より

(*2)　所得税源泉徴収額

(*3)　現金預金勘定の貸方「給料の支払」より

5．現金預金（土地の売却，得意先負担営業費の立替払及び給料の支払に係るものについては前述）

(借)	現　金　預　金	108,000	(貸)	受　取　手　形	81,000(*1)
				売　　掛　　金	27,000(*2)
(借)	支　払　手　形	75,500(*3)	(貸)	現　金　預　金	101,450
	買　　掛　　金	11,200(*4)			
	営　　業　　費	14,750(*5)			

(*1)　現金預金勘定の借方「受取手形の決済」より

(*2)　現金預金勘定の借方「売掛金の決済」より

(*3)　現金預金勘定の貸方「支払手形の決済」より

(*4)　現金預金勘定の貸方「買掛金の決済」より

(*5)　現金預金勘定の貸方「営業費の支払」より

Ⅲ．決算整理前残高試算表

決算整理前残高試算表
×10年12月31日

借方			貸方	
現　金　預　金	127,950		支　払　手　形	33,800
受　取　手　形	35,000		買　掛　金	11,400
売　掛　金	65,000		預　り　金	250
繰　越　商　品	10,000		建物減価償却累計額	71,600
立　替　金	1,850		資　本　金	455,000
建　物	220,000		繰越利益剰余金	287,275
土　地	440,000		売　上	148,500
仕　入	123,100		土　地　売　却　益	35,000
営　業　費	13,750			
給　料	2,500			
貸　倒　損　失	3,675			
	1,042,825			1,042,825

Ⅳ．決算整理仕訳

1．商品（先入先出法）

(借)	仕　　　入	10,000	(貸)	繰　越　商　品	10,000
(借)	繰　越　商　品	25,700	(貸)	仕　　　入	25,700(*1)

(*1)　@129×100個（8/6仕入分）＋@128×100個（11/2仕入分）＝25,700

(注)　先入先出法とは，最も古く取得されたものから順次払出しが行われ，期末商品は最も新しく取得され
　　たものからなるとみなして期末商品の価額を算定する方法である。したがって，期末商品は後から仕入
　　れたものから構成される。

商　品　　　　　（先入先出法）

期　首　@100 × 100個 ＝ 10,000	売上原価(後T/B 仕入)　　　∴ 107,400
当期仕入　　　　　　　　123,100	期　末　@129 × 100個 ＝ 12,900
	@128 × 100個 ＝ 12,800

2．減価償却

| (借) | 建物減価償却費 | 6,600(*1) | (貸) | 建物減価償却累計額 | 6,600 |

(*1)　220,000×0.9÷30年＝6,600

3．貸倒引当金

| (借) | 貸倒引当金繰入額 | 5,000(*1) | (貸) | 貸倒引当金 | 5,000 |

(*1)　(前T/B 受取手形35,000＋前T/B 売掛金65,000)×5％－前T/B 貸倒引当金0＝5,000

4．経過勘定

| (借) | 営業費 | 800 | (貸) | 未払営業費 | 800 |

Ⅴ．　問3　の解答

1．決算整理前残高試算表における繰越商品勘定，仕入勘定の金額について

　　払出単価の計算方法として移動平均法を採用していても，記帳方法が三分法で同じであれば，期首商品の原価を表す前T/B の繰越商品勘定の金額，及び，当期の外部仕入高を表す前T/B の仕入勘定の金額はすべて同じとなる。したがって，先入先出法の場合と同じ10,000及び 123,100となる。

2．決算整理後残高試算表における繰越商品勘定，仕入勘定の金額について

　　後T/B の繰越商品勘定の金額は期末商品の金額であり，後T/B の仕入勘定の金額は売上原価を表す。仕入単価が複数存在する場合には，払出単価の計算方法によって，後T/B の繰越商品勘定及び後T/B の仕入勘定の金額は異なる。

　　なお，解答上，すべての払出に対する金額を把握して売上原価を算定するより，期末商品の帳簿原価を先に求め，売上原価は差額（＝期首商品＋当期仕入－期末商品）で求めた方が効率的である。

3．移動平均法

　　移動平均法とは，商品を取得する都度，平均原価を算出し，この平均原価によって期末商品の価額を算定する方法である。そこで，解法上，以下のような簡便的な商品有高帳を作成して平均単価及び残高を把握すると効率的である。

＜簡便的な商品有高帳（移動平均法）＞

```
期　首　　100個（@100）
1／2合計　300個（@110）　　　　2／4残高　180個
4／6合計　480個（@116.25）　　 5／8残高　280個
6／2合計　430個（@120）　　　　7／4残高　200個
8／6合計　450個（@125）　　　　10／8残高　300個
11／2合計　400個（@125.75）　　12／4残高　200個（@125.75）　←──────　期末残高
```

商　　　品　　　　　　（移動平均法）

期　　首　@100 × 100個 ＝ 10,000	売上原価（後T/B 仕入）　∴　107,950
当期仕入　　　　　　　　123,100	期　　末　@125.75×200個＝ 25,150

　∴　後T/B 繰越商品　25,150

　　　後T/B 仕　　入　107,950

商　品　有　高　帳

（移動平均法）

日付		摘要	受入高			払出高			残高		
			数量	単価	金額	数量	単価	金額	数量	単価	金額
			個	千円	千円	個	千円	千円	個	千円	千円
1	1	前期繰越	100	100	10,000				100	100	10,000
	2	仕　入	200	115	23,000				300	110	33,000
2	4	売　上				120	110	13,200	180	110	19,800
4	6	仕　入	300	120	36,000				480	116.25	55,800
5	8	売　上				200	116.25	23,250	280	116.25	32,550
6	2	仕　入	150	127	19,050				430	120	51,600
7	4	売　上				230	120	27,600	200	120	24,000
8	6	仕　入	250	129	32,250				450	125	56,250
10	8	売　上				150	125	18,750	300	125	37,500
11	2	仕　入	100	128	12,800				400	125.75	50,300
12	4	売　上				200	125.75	25,150	200	125.75	25,150
	(31)	(次期繰越)				(200)	(125.75)	(25,150)			
			1,100	—	133,100	1,100	—	133,100			

【ＭＥＭＯ】

商品売買業を営むＴＡＣ株式会社の当事業年度（自×10年４月１日　至×11年３月31日）における下記の〔資料〕を参照して，答案用紙に示されている損益計算書及び貸借対照表を完成させなさい。

〔資料Ⅰ〕　決算整理前残高試算表

決算整理前残高試算表

×11年３月31日　　　　　　　　　　　　　　　（単位：千円）

小 口 現 金	4,000	支 払 手 形	407,750
当 座 預 金	329,300	買 掛 金	227,000
受 取 手 形	448,000	商 品 券	49,000
売 掛 金	367,000	仮 受 金	2,800
繰 越 商 品	254,000	貸 倒 引 当 金	14,250
仮 払 金	10,500	備品減価償却累計額	93,750
建 物	340,800	資 本 金	1,078,350
備 品	224,600	繰 越 利 益 剰 余 金	257,545
土 地	550,000	売 上	3,392,000
仕 入	2,353,800		
広 告 宣 伝 費	184,000		
給 料	226,000		
旅 費 交 通 費	64,500		
通 信 費	76,200		
貸 倒 損 失	4,240		
雑 費	85,505		
	5,522,445		5,522,445

〔資料Ⅱ〕　決算整理事項等

１．小口現金

　　×11年３月31日に用度係から次のような支払報告があったが，未処理である。なお，当社は月初補給による定額資金前渡制度（定額 4,000千円）を採用している。

　　　　旅費交通費：　1,800千円

　　　　通 信 費：　　980千円

　　　　雑　　費：　　640千円

２．当座預金

(1) 当社は，ＸＸ銀行とＹＹ銀行に当座預金口座を開設しており，両銀行と当座借越契約を結んでいる。なお，両銀行ともに当座借越限度額は50,000千円である。

(2) 〔資料Ⅰ〕決算整理前残高試算表の当座預金勘定の内訳は，ＸＸ銀行 317,300千円（借方残高），ＹＹ銀行12,000千円（借方残高）である。

(3) ＸＸ銀行の当座預金口座について，以下の取引が未処理である。

　　商品券22,000千円を発行し，小切手を受け取り，直ちにＸＸ銀行の当座預金口座へ預け入れた。

(4) ＹＹ銀行の当座預金口座について，以下の取引が未処理である。

　① 買掛金44,000千円の支払のためにＹＹ銀行の当座預金口座から小切手を振り出した。

　② 売掛金14,500千円を小切手により回収し，直ちにＹＹ銀行の当座預金口座へ預け入れた。

３．貸　倒

　　〔資料Ⅰ〕決算整理前残高試算表の貸倒損失勘定の内訳は，前期取得売掛金の貸倒分 4,240千円である。なお，前期に貸倒損失として処理していた売掛金 2,800千円を当期に回収し，仮受金としている。

４．商品及び商品券

(1) 仕入先から商品 1,000個を@ 102千円で掛により仕入れ，引取費用 200千円をＸＸ銀行の当座預金口座から小切手を振り出して支払ったが，支払額を仮払金として処理したのみである。

(2) 商品 800個を@ 140千円で売り上げ，当社発行商品券52,000千円と他社発行商品券60,000千円を受け取ったが，未処理である。

(3) 他社から当社発行商品券 2,000千円を受け取り，他社発行商品券 1,700千円を渡し，差額はＸＸ銀行の当座預金口座から小切手を振り出して支払うことで商品券の一部を精算したが，支払額を仮払金として処理したのみである。

(4) 期末商品（未処理等考慮後）は以下のとおりである。なお，棚卸減耗等は生じていない。

　　帳簿数量：2,600個

　　原　　価：@99千円

５．有形固定資産

(1) 減価償却

種　　類	方　　法	残存価額	耐用年数
建　物	定 額 法	10%	25年
備　品	定 額 法	10%	5年

(注)〔資料Ⅰ〕における建物は当期首より12年前に一括取得したものであり，直接法により記帳している。

(2) ×10年10月11日に備品（取得原価48,000千円，期首における帳簿価額30,000千円）を27,250千円で売却し，小切手を受け取り，直ちにＸＸ銀行の当座預金口座へ預け入れた。このとき，以下の仕訳を行っている。

　（借）当　座　預　金　27,250　（貸）備　　　　　品　27,250

６．金融手形

　　10,000千円を貸し付けるためにＸＸ銀行の当座預金口座から小切手を振り出し，貸付先から借用証書の代わりに約束手形を受け取ったが，貸付額を仮払金として処理したのみである。

７．貸倒引当金

　　売上債権期末残高（他店商品券は除く）に対して２％の貸倒引当金を差額補充法により設定する。

８．法人税，住民税及び事業税は無視すること。

【解 答】

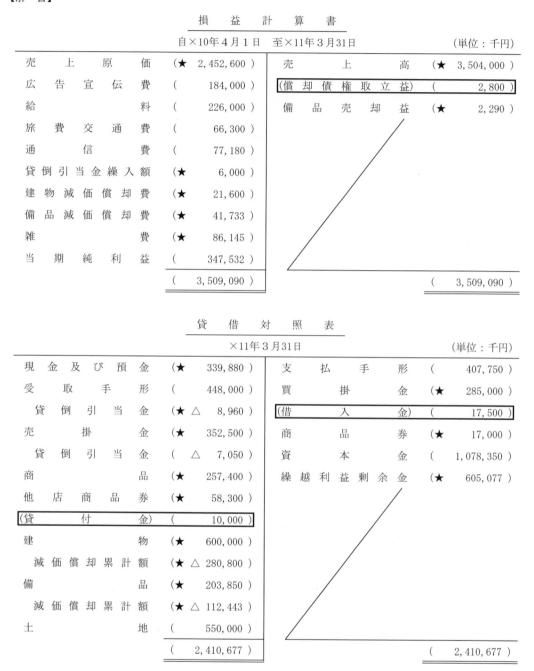

損 益 計 算 書

自×10年 4 月 1 日　至×11年 3 月31日　　　　　　（単位：千円）

売　上　原　価	(★　2,452,600)	売　　上　　高	(★　3,504,000)
広　告　宣　伝　費	(　184,000)	(償 却 債 権 取 立 益)	(　2,800)
給　　　　料	(　226,000)	備 品 売 却 益	(★　2,290)
旅　費　交　通　費	(　66,300)		
通　　信　　費	(　77,180)		
貸 倒 引 当 金 繰 入 額	(★　6,000)		
建 物 減 価 償 却 費	(★　21,600)		
備 品 減 価 償 却 費	(★　41,733)		
雑　　　　費	(★　86,145)		
当　期　純　利　益	(　347,532)		
	(　3,509,090)		(　3,509,090)

貸 借 対 照 表

×11年 3 月31日　　　　　　（単位：千円）

現 金 及 び 預 金	(★　339,880)	支　払　手　形	(　407,750)
受　取　手　形	(　448,000)	買　　掛　　金	(★　285,000)
貸 倒 引 当 金	(★ △　8,960)	(借　　入　　金)	(　17,500)
売　　掛　　金	(★　352,500)	商　　品　　券	(★　17,000)
貸 倒 引 当 金	(　△　7,050)	資　　本　　金	(　1,078,350)
商　　　　品	(★　257,400)	繰 越 利 益 剰 余 金	(★　605,077)
他 店 商 品 券	(★　58,300)		
(貸　　付　　金)	(　10,000)		
建　　　　物	(★　600,000)		
減 価 償 却 累 計 額	(★ △　280,800)		
備　　　　品	(★　203,850)		
減 価 償 却 累 計 額	(★ △　112,443)		
土　　　　地	(　550,000)		
	(　2,410,677)		(　2,410,677)

【採点基準】

★ 4点×19箇所＋ ⬜ 8点×3箇所＝100点

【解答時間及び得点】

	日 付	解答時間	得 点	Ｍ Ｅ Ｍ Ｏ
1	／	分	点	
2	／	分	点	
3	／	分	点	
4	／	分	点	
5	／	分	点	

【チェック・ポイント】

出題分野	出題論点	日 付				
		／	／	／	／	／
個 別 論 点	小 口 現 金					
	当 座 借 越					
	商 品 券					
	貸 倒 処 理					
	有 形 固 定 資 産 の 売 却					
	減 価 償 却					
	貸 倒 引 当 金 （ 差 額 補 充 法 ）					

【出題意図】

　本問は前T/B からP/L・B/Sを作成する問題です。したがって，前T/B に決算整理仕訳を行って，P/L・B/Sを作成して下さい。

　また，本問では小口現金，当座借越等について出題しています。このうち，当座借越についてはB/S 上，借入金として表示される点に注意して下さい。

【解答への道】（単位：千円）

Ⅰ．決算整理仕訳等

1．小口現金（未処理）

（借）旅　費　交　通　費	1,800	（貸）小　　口　　現　　金	3,420
通　　　信　　　費	980		
雑　　　　　費	640		

（参考1）小口現金

1．小口現金制度の種類

(1) 定額資金前渡制度（インプレスト・システム，本問の方法）

あらかじめ一定期間における小払資金の必要額を決定し，支払額の報告がなされたときに，それと同額を補給することによって補給後は常に一定額の小口現金が用度係の手許にあるようにする方法である。

なお，一般的には，小口現金の管理に役立つ定額資金前渡制度が採用されている。

(2) 不定額資金前渡制度（随時補給制）

前渡額を一定とせず，用度係から要求ないし報告があったときに，随時適当な額を補給する方法である。

2．補給の方法

(1) 月末（週末）補給

月末補給であった場合，当期の×11年3月31日に以下の仕訳を行う。

（借）小　　口　　現　　金	3,420	（貸）当　　座　　預　　金	3,420

（注）仮に，支払報告があった際に，直ちに補給した場合には以下の仕訳になる。

（借）旅　費　交　通　費	1,800	（貸）当　　座　　預　　金	3,420
通　　　信　　　費	980		
雑　　　　　費	640		

(2) 月初（週初）補給（翌月補給）

本問は月初補給なので，次期の×11年4月1日に行われる小口現金の補給に係る仕訳は以下のとおりである。

（借）小　　口　　現　　金	3,420	（貸）当　　座　　預　　金	3,420

2．当座預金

(1) ＸＸ銀行（未処理）

| (借) | 当 座 預 金 | 22,000 | (貸) | 商 品 券(*1) | 22,000 |

(*1) 商品券を発行すると，将来商品券と引換に商品を引き渡す義務を負うため，商品券勘定（負債）で処理する。

(2) ＹＹ銀行（二勘定法を前提としている，未処理）

(借)	買 掛 金	44,000	(貸)	当 座 預 金	12,000
				当 座 借 越	32,000(*1)
(借)	当 座 借 越	14,500	(貸)	売 掛 金	14,500

(*1) 貸借差額

（参考２）当座借越

当座借越とは当座預金残高を超えて小切手を振り出すことをいう。なお，当座借越の処理について，一勘定法と二勘定法の２つの方法がある。

1．一勘定法

一勘定法とは，当座預金も当座借越も「当座預金」勘定のみを用いて処理する方法である。一勘定法では，当座預金勘定が借方残高の場合には「当座預金」を意味し，貸方残高の場合には「当座借越」を意味する。なお，「当座預金」勘定の代わりに，「当座」勘定を用いる場合がある。

2．二勘定法

二勘定法とは，資産としての当座預金については「当座預金」勘定を用いて，負債としての当座借越については「当座借越」勘定を用いて処理する方法である。二勘定法では「当座預金」勘定と「当座借越」勘定が設けられる。

3．貸借対照表における表示

当座借越は銀行からの借入金であるため，貸借対照表上，「借入金」として「負債」に表示する。

なお，取引銀行が複数あり，例えば本問のように，ＸＸ銀行では当座預金残高があり，ＹＹ銀行では当座借越残高がある場合，ＸＸ銀行には資産としての当座預金があり，ＹＹ銀行には負債としての当座借越があるので，両者を相殺して純額で表示するのではなく，それぞれを資産（現金及び預金）と負債（借入金）に総額で表示する。

	一 勘 定 法	二 勘 定 法	貸借対照表表示
当座預金がプラスの場合	「当座預金」勘定	「当座預金」勘定	「現金及び預金」
当座預金がマイナスの場合		「当座借越」勘定	「借 入 金」

3．貸　倒

(1) 売掛金の貸倒（誤処理）

① 実際に行った仕訳

| (借) | 貸 倒 損 失 | 4,240 | (貸) | 売 掛 金 | 4,240 |

② 本来あるべき仕訳

| (借) | 貸 倒 引 当 金 | 4,240 | (貸) | 売 掛 金 | 4,240 |

③ 修正仕訳（②−①）

| (借) | 貸 倒 引 当 金 | 4,240 | (貸) | 貸 倒 損 失 | 4,240 |

(2) 前期貸倒売掛金の回収（仮受金処理）

| (借) | 仮 受 金 | 2,800 | (貸) | 償 却 債 権 取 立 益 | 2,800 |

4．商品及び商品券

(1) 仕　入

| (借) | 仕 入 | 102,200 | (貸) | 買 掛 金 | 102,000(*1) |
| | | | | 仮 払 金 | 200(*2) |

(*1) 原価@102×1,000個＝102,000

(*2) 商品の引取費用

(2) 売　上（未処理）

| (借) | 商 品 券 | 52,000 | (貸) | 売 上 | 112,000(*1) |
| | 他 店 商 品 券(*2) | 60,000 | | | |

(*1) 売価@140×800個＝112,000

(*2) 他社が発行した商品券は、後日、代金を請求できる権利なので、他店商品券勘定（資産）で処理する。

(3) 商品券の精算

| (借) | 商 品 券 | 2,000 | (貸) | 他 店 商 品 券 | 1,700 |
| | | | | 仮 払 金 | 300 |

(4) 売上原価の算定

| (借) | 仕 入 | 254,000 | (貸) | 繰 越 商 品 | 254,000 |
| (借) | 繰 越 商 品 | 257,400 | (貸) | 仕 入 | 257,400(*1) |

(*1) 原価@99×帳簿数量2,600個＝257,400

5．建　物（直接法）

(借)	建物減価償却費	21,600(*1)	(貸)	建	物	21,600

(*1)　取得原価600,000(*2)×0.9÷25年＝21,600

(*2)　取得原価をＡとすると，以下の式が成り立つ。

$$A - A \times 0.9 \div 25年 \times 経過年数12年 = 前T/B\ 建物340,800\ \rightarrow\ \therefore\ A = 600,000$$

(注)　仮に，間接法により記帳していた場合，前T/B における建物減価償却累計額は 259,200(*3)，後T/B における建物減価償却累計額は 280,800(*4)となる。

(*3)　取得原価600,000(*2)－前T/B 建物340,800＝259,200

(*4)　259,200(*3)＋21,600(*1)＝280,800

6．備　品（間接法）

(1) 売却に係る仕訳（誤処理）

①　実際に行った仕訳

(借)	当 座 預 金	27,250	(貸)	備	品	27,250

②　本来あるべき仕訳

(借)	備品減価償却累計額	18,000(*1)	(貸)	備	品	48,000
	備 品 減 価 償 却 費	5,040(*2)		備 品 売 却 益		2,290(*3)
	当 座 預 金	27,250				

(*1)　取得原価48,000－期首における帳簿価額30,000＝期首における減価償却累計額18,000

(*2)　取得原価$48,000 \times 0.9 \div 5年 \times \dfrac{7ヶ月（X10.4～X10.10）}{12ヶ月} = 5,040$

(*3)　売却価額27,250－売却時の帳簿価額(48,000－18,000(*1)－5,040(*2))＝2,290

③　修正仕訳（②－①）

(借)	備品減価償却累計額	18,000(*1)	(貸)	備	品	20,750
	備 品 減 価 償 却 費	5,040(*2)		備 品 売 却 益		2,290(*3)

(2) 減価償却

(借)	備 品 減 価 償 却 費	36,693(*1)	(貸)	備品減価償却累計額	36,693

(*1)　(前T/B 備品224,600－20,750)×0.9÷5年＝36,693

（参考３）減価償却の記帳方法

減価償却の記帳方法には，直接法と間接法の２つがある。

１．直接法（直接控除法）

　直接法とは，毎期の減価償却費を固定資産の価額から直接控除する方法である。したがって，直接法によると，借方に「減価償却費」勘定（費用）を計上し，貸方に当該固定資産の勘定（資産）を計上して，直接減額する。

（借）減　価　償　却　費　　　×××　　（貸）固　　定　　資　　産　　　×××

２．間接法（間接控除法）

　間接法とは，減価償却費を固定資産の価額から直接控除せず，「減価償却累計額」という評価勘定（特定の資産の価値を算定するために，当該資産から間接的に控除される勘定）の貸方に記入する方法である。なお，受験上，特に指示がない場合には，間接法で処理すること。

　したがって，間接法によると借方に「減価償却費」勘定（費用）を計上し，貸方に「減価償却累計額」勘定を計上する。

（借）減　価　償　却　費　　　×××　　（貸）減　価　償　却　累　計　額　　　×××

３．帳簿価額（簿価）

　固定資産は使用によってその価値が減少していくので，取得原価が固定資産の価値を表す訳ではない。そこで，減価償却を行った後の固定資産の価値を，帳簿価額（簿価）といい，間接法の場合には以下の式で算定する。なお，減価償却累計額とは，過年度の減価償却費の合計である。

帳簿価額 ＝ 取得原価 － 減価償却累計額

７．金融手形

（借）手　形　貸　付　金(*1)　10,000　　（貸）仮　　　　払　　　　金　　10,000

（*1）　金銭の貸付に際して借用証書の代わりに手形を受け取った場合，借用証書による貸付金と区別するために手形貸付金勘定（資産）で処理する。

８．貸倒引当金

（借）貸　倒　引　当　金　繰　入　額　　　6,000(*1)　（貸）貸　倒　引　当　金　　6,000

（*1）　{前T/B 受取手形448,000＋（前T/B 売掛金367,000－売掛金の決済14,500)}×２％

－（前T/B 貸倒引当金14,250－貸倒4,240）＝6,000

Ⅱ. 決算整理後残高試算表

決算整理後残高試算表

×11年3月31日

小 口 現 金(*1)	580	支 払 手 形	407,750
当 座 預 金(*1)	339,300	買 掛 金	285,000
受 取 手 形	448,000	当 座 借 越(*4)	17,500
売 掛 金	352,500	商 品 券	17,000
繰 越 商 品	257,400	貸 倒 引 当 金	16,010
他 店 商 品 券	58,300	備品減価償却累計額	112,443
手 形 貸 付 金(*2)	10,000	資 本 金	1,078,350
建 物(*3)	319,200	繰 越 利 益 剰 余 金	257,545
備 品	203,850	売 上	3,504,000
土 地	550,000	償 却 債 権 取 立 益	2,800
仕 入	2,452,600	備 品 売 却 益	2,290
広 告 宣 伝 費	184,000		
給 料	226,000		
旅 費 交 通 費	66,300		
通 信 費	77,180		
貸 倒 引 当 金 繰 入 額	6,000		
建 物 減 価 償 却 費	21,600		
備 品 減 価 償 却 費	41,733		
雑 費	86,145		
	5,700,688		5,700,688

(*1) 貸借対照表上，「小口現金」と「当座預金」はまとめて，「現金及び預金」として表示される。

(*2) 貸借対照表上，「貸付金」として表示される。

(*3) 記帳方法として直接法を採用していても，貸借対照表上における表示は間接法と同様である。

(*4) 貸借対照表上，「借入金」として表示される。

(注) 当座預金はＸＸ銀行に対するものであり，当座借越はＹＹ銀行に対するものである。なお，異なる銀行に対する当座預金の残高が借方及び貸方に発生している場合，貸借対照表上，相殺しないで表示すること。

問題 **7** 精算表作成

　商品売買業を営むＴＡＣ株式会社の当事業年度（自×10年4月1日　至×11年3月31日）における下記の〔資料〕を参照して，答案用紙に示されている精算表を完成させなさい。

〔資　料〕　決算整理事項

1．商　品

　期末帳簿棚卸高は 5,000千円であり，棚卸減耗等は生じていない。

2．減価償却

種　類	方　法	残存価額	耐用年数
建　物	定額法	10%	30年
備　品	定額法	10%	8年

3．貸倒引当金

　売上債権期末残高に対して2％の貸倒引当金を差額補充法により設定する。

4．経過勘定

　　見　越：営業費 250千円，支払利息　50千円

　　繰　延：保険料 660千円

5．法人税等は無視すること。

【ＭＥＭＯ】

【解答】

精算表

(単位：千円)

勘定科目	決算整理前残高試算表 借方	決算整理前残高試算表 貸方	整理記入 借方	整理記入 貸方	損益計算書 借方	損益計算書 貸方	貸借対照表 借方	貸借対照表 貸方
現　　　　金	9,000						9,000	
受 取 手 形	12,000						12,000	
売　　掛　　金	24,000						24,000	
繰 越 商 品	4,000		5,000	4,000			5,000	
建　　　　物	50,000						50,000	
備　　　　品	10,000						10,000	
土　　　　地	30,000						30,000	
支 払 手 形		11,430						11,430
買　　掛　　金		15,000						15,000
借　　入　　金		20,000						20,000
貸 倒 引 当 金		600		120				720
建物減価償却累計額		15,000		1,500				16,500
備品減価償却累計額		2,500		1,125				3,625
資　　本　　金		50,000						50,000
繰越利益剰余金		20,000						20,000
売　　　　上		55,000				55,000		
仕　　　　入	39,000		4,000	5,000	38,000			
営　　業　　費	9,000		250		9,250			
保　　険　　料	1,980			660	1,320			
支 払 利 息	550		50		600			
計	189,530	189,530						
建物減価償却費			1,500		1,500			
備品減価償却費			1,125		1,125			
貸倒引当金繰入額			120		120			
未 払 営 業 費				250				250
未 払 利 息				50				50
前 払 保 険 料			660				660	
(当 期 純 利 益)					(3,085)			3,085
合　　　計			12,705	12,705	55,000	55,000	140,660	140,660

【採点基準】

 ５点×20箇所＝100点

【解答時間及び得点】

	日 付	解答時間	得 点	Ｍ Ｅ Ｍ Ｏ
1	／	分	点	
2	／	分	点	
3	／	分	点	
4	／	分	点	
5	／	分	点	

【チェック・ポイント】

出題分野	出題論点	日 付				
		／	／	／	／	／
個 別 論 点	精　算　表　作　成					
	売 上 原 価 の 算 定					
	減　価　償　却					
	貸 倒 引 当 金 （ 差 額 補 充 法 ）					
	経　過　勘　定					

【出題意図】

　精算表作成の問題です。本問は内容を簡単にしていますので，これを機に精算表の作成方法をしっかりマスターして下さい。精算表作成の問題であっても，答案用紙に示されている前T/B からスタートし，P/L・B/Sを作成する問題なので，前T/B に決算整理仕訳を行って，P/L・B/Sを作成して下さい。

　なお，精算表とは，前T/B から整理記入を経て，P/L・B/S作成に至る一連の決算手続を一つにまとめた一覧表です。この精算表を作成することによって，①複雑な決算手続を直接，帳簿に行うことによって生じる誤りを防ぐことができ，②事前に決算の結果を知ることによって，企業の財務政策に役立つといった利点があり，一般的に利用されています。

【解答への道】（単位：千円）

Ⅰ．精算表の作成方法（8桁精算表を前提）

1．決算整理前残高試算表欄に，決算整理前における総勘定元帳の各勘定残高を記入する。

2．決算整理事項に基づいて，整理記入欄に決算整理仕訳を記入する。なお，当該仕訳によって新たに生じる勘定科目は，勘定科目欄に追加する。

3．収益・費用に属する勘定について，決算整理前残高試算表欄の金額に整理記入欄の金額を加減して，損益計算書欄に移記する。

4．資産・負債・純資産（資本）に属する勘定について，決算整理前残高試算表欄の金額に整理記入欄の金額を加減して，貸借対照表欄に移記する。

5．損益計算書欄の貸借差額によって，当期純利益を算定し，これを損益計算書欄の借方に朱記する（受験上は括弧を付す）とともに，貸借対照表欄の貸方に黒記する。

6．各欄の合計金額を記入して締め切る。

精　算　表

勘　定　科　目	決算整理前残高試算表		整　理　記　入		損　益　計　算　書		貸　借　対　照　表	
	借　方	貸　方	借　方	貸　方	借　方	貸　方	借　方	貸　方
資　　　産	①			⑥			①－⑥	
負　　　債		②	⑦					②－⑦
純　資　産		③						③
収　　　益		④		⑧		④＋⑧		
費　　　用	⑤		⑨		⑤＋⑨			
（当期純利益）					（△△）　→			△△
合　　　計	××	××	××	××	××	××	××	××

Ⅱ．整理記入欄への記入

1．商品

| (借) | 仕 | 入 | 4,000 | (貸) | 繰 越 商 品 | 4,000 |
| (借) | 繰 越 商 品 | | 5,000 | (貸) | 仕 入 | 5,000 |

商　　品

| 期　　首
4,000 | 売上原価
∴ 38,000 |
| 外部仕入（前T/B 仕入）
39,000 | 期　　末
5,000 |

2．減価償却

| (借) | 建 物 減 価 償 却 費 | 1,500(*1) | (貸) | 建 物 減 価 償 却 累 計 額 | 1,500 |
| (借) | 備 品 減 価 償 却 費 | 1,125(*2) | (貸) | 備 品 減 価 償 却 累 計 額 | 1,125 |

(*1)　50,000×0.9÷30年＝1,500

(*2)　10,000×0.9÷8年＝1,125

3．貸倒引当金

| (借) | 貸 倒 引 当 金 繰 入 額 | 120(*1) | (貸) | 貸 倒 引 当 金 | 120 |

(*1)　（受取手形12,000＋売掛金24,000）×2％－前T/B 貸倒引当金600＝120

4．経過勘定

(借)	営 業 費	250	(貸)	未 払 営 業 費	250
(借)	支 払 利 息	50	(貸)	未 払 利 息	50
(借)	前 払 保 険 料	660	(貸)	保 険 料	660

（参考）10桁精算表の雛形

　本問では決算整理前残高試算表欄，整理記入欄，損益計算書欄及び貸借対照表欄からなる8桁精算表を出題した。この8桁精算表が一般的であるが，決算整理後残高試算表欄を追加した10桁精算表（決算整理前残高試算表欄，整理記入欄，決算整理後残高試算表欄，損益計算書欄及び貸借対照表欄）もあるので，答案用紙から判断して解答すること。この10桁精算表の作成方法は，決算整理後の残高を決算整理後残高試算表欄に記入するという点だけ気を付ければ，後は8桁精算表と同じである。なお，10桁精算表の雛形は以下のとおりである。

精　算　表

勘 定 科 目	決算整理前残高試算表		整 理 記 入		決算整理後残高試算表		損 益 計 算 書		貸借対照表	
	借方	貸方	借方	貸方	借方	貸方	借方	貸方	借方	貸方

【ＭＥＭＯ】

　商品売買業を営むＴＡＣ株式会社の当事業年度（自×10年4月1日　至×11年3月31日）における下記の〔資料〕を参照して，答案用紙に示されている前期末繰越試算表を作成しなさい。

〔資料Ⅰ〕　決算整理後残高試算表

決算整理後残高試算表

×11年3月31日　　　　　　　　　　　　　（単位：千円）

借方	金額	貸方	金額
現　　　　　金	20,600	支　払　手　形	150,000
当　座　預　金	442,500	買　　掛　　金	120,000
受　取　手　形	30,000	未　　払　　金	200,000
売　　掛　　金	110,000	未　払　営　業　費	7,000
繰　越　商　品	110,000	前　受　利　息	1,600
貯　　蔵　　品	600	貸　倒　引　当　金	4,200
建　　　　　物	400,000	借　　入　　金	（　　　　　）
備　　　　　品	128,000	建物減価償却累計額	25,500
土　　　　　地	560,000	備品減価償却累計額	85,520
貸　　付　　金	50,000	資　　本　　金	（　　　　　）
仕　　　　　入	680,000	繰　越　利　益　剰　余　金	89,150
営　　業　　費	127,000	売　　　　　上	930,000
租　税　公　課	800	受　取　利　息	2,550
貸倒引当金繰入額	1,000		
建物減価償却費	（　　　　　）		
備品減価償却費	（　　　　　）		
支　払　利　息	8,000		
手　形　売　却　損	4,000		
	（　　　　　）		（　　　　　）

〔資料Ⅱ〕　当期における期中取引の要約

1．商品売買

(1) 仕　入

当 座 仕 入： 150,000千円　　　掛 仕 入： 310,000千円　　　手 形 仕 入： 190,000千円

(2) 売　上

当 座 売 上： 200,000千円　　　掛 売 上： 380,000千円　　　手 形 売 上： 350,000千円

2．固定資産

(1) 前期に取得した土地に係る掛代金 100,000千円を当座により支払った。

(2) ×11年1月10日に建物 200,000千円（代金支払日：×11年4月10日）を掛で購入した。なお，当該建物は購入日の翌日より使用している。

3．債権債務等

(1) 受取手形の回収　　他社振出小切手の受取 410,000千円（うち 360,000千円は当座に預け入れた）

(2) 売掛金の回収　　　他社振出小切手の受取　 20,000千円

当 社 振 出 小 切 手 の 受 取　 40,000千円

当 社 宛 約 束 手 形 の 受 取　270,000千円

当 社 振 出 約 束 手 形 の 受 取　 50,000千円

(3) 支払手形の決済　　小 切 手 の 振 出 300,000千円

(4) 買掛金の決済　　　小 切 手 の 振 出　 80,000千円

約 束 手 形 の 振 出 150,000千円

約 束 手 形 の 裏 書 譲 渡　 80,000千円

4．その他の事項

(1) 当社保有の手形 120,000千円を取引銀行で割り引き，割引料 4,000千円が差し引かれた残額を当座に預け入れた。

(2) 営業費 130,000千円について，うち80,000千円は現金で支払い，残額は小切手を振り出して支払った。

(3) 割引手形 100,000千円及び裏書手形50,000千円が期日に決済された。

(4) 前期に貸し付けた貸付金に係る利息 1,800千円を小切手により受け取り，直ちに当座に預け入れた。また，当期に20,000千円を新たに当座により貸し付け，利息 1,000千円を小切手により受け取り，直ちに当座に預け入れた。

(5) 借入金に係る利息 8,000千円を当座により支払った。

(6) 収入印紙 900千円を現金で購入し，期中に 800千円使用した。なお，貯蔵品勘定はすべて収入印紙である。

〔資料Ⅲ〕　決算整理事項及び参考事項

1．商　品

　　期末商品帳簿棚卸高は　？　千円であり，棚卸減耗等は生じていない。

2．減価償却

種　類	方　法	残存価額	耐用年数
建　物	定額法	10%	30年
備　品	定額法	10%	10年

3．借入金

　　借入金はすべて×9年4月1日に，借入期間5年，年利率4％，利払日毎年3月末の条件で借り入れたものである。なお，〔資料Ⅰ〕の支払利息はすべて当該借入金に係るものである。

4．貸倒引当金

　　貸倒引当金　？　千円を差額補充法により設定する。

5．営業費の見越：　？　千円

6．受取利息の繰延：　？　千円

7．法人税，住民税及び事業税は無視すること。

【MEMO】

【解 答】

前 期 末 繰 越 試 算 表

×10年 3 月31日　　　　　　　　　　　（単位：千円）

現　　　　　金	（★ 31,500 ）	支　払　手　形	（★ 160,000 ）
当 座 預 金	（★ 431,700 ）	買　　掛　　金	（★ 120,000 ）
受 取 手 形	（★ 20,000 ）	未　　払　　金	（★ 100,000 ）
売　　掛　　金	（★ 110,000 ）	（未 払 営 業 費)	（★ 10,000 ）
繰 越 商 品	（★ 140,000 ）	前　受　利　息	（★ 1,350 ）
貯　　蔵　　品	（★ 500 ）	貸 倒 引 当 金	（★ 3,200 ）
建　　　　　物	（★ 200,000 ）	借　　入　　金	（★ 200,000 ）
備　　　　　品	（★ 128,000 ）	建 物 減 価 償 却 累 計 額	（★ 18,000 ）
土　　　　　地	（★ 560,000 ）	備 品 減 価 償 却 累 計 額	（★ 74,000 ）
貸　　付　　金	（★ 30,000 ）	資　　本　　金	（★ 876,000 ）
		繰 越 利 益 剰 余 金	（ 89,150 ）
	（ 1,651,700 ）		（ 1,651,700 ）

【採点基準】

★ 5 点×20箇所＝100点

【解答時間及び得点】

	日 付	解答時間	得 点	Ｍ Ｅ Ｍ Ｏ
1	／	分	点	
2	／	分	点	
3	／	分	点	
4	／	分	点	
5	／	分	点	

【チェック・ポイント】

出題分野	出題論点	日 付				
		／	／	／	／	／
個 別 論 点	小 切 手 の 処 理					
	約 束 手 形					
	割 引 手 形					
	裏 書 手 形					
	有 形 固 定 資 産 の 取 得					
	減 価 償 却					
	貸 倒 引 当 金 (差 額 補 充 法)					
	租 税 公 課					

【出題意図】

　本問は後T/B からスタートし，前期末繰越T/B を作成する逆進問題です。逆進問題は，簿記に対する慣れやテクニックを必要とします。本問を何回も解き直し，逆進問題の解法をマスターして下さい。

　資料で与えられている後T/B 上の各勘定の金額は，前期末繰越T/B 上の各勘定の金額に期中取引仕訳と決算整理仕訳を加味することによって算定されたものです。したがって，後T/B から決算整理仕訳と期中取引仕訳を控除して，期首における各勘定の金額を算定します。

　実践的な解法としては，下書用紙にＴ勘定（Ｔ字型の略式勘定）を設定します。このとき，すべての勘定について下書用紙にＴ勘定を設定する必要はなく，頻繁に登場する勘定を必要に応じて設定して下さい。本問では，

【解答への道】Ⅵ．勘定分析において記載している勘定を設定すると良いでしょう。下書用紙にＴ勘定を設定したら，勘定分析を行い，期首の金額を算定します。勘定分析を行うとは，具体的には，まず，後T/B における各勘定の金額を下書用紙のＴ勘定における期末の部分に書き込み，次に，決算整理仕訳と期中取引仕訳を下書用紙のＴ勘定上で処理し，最後に，貸借差額により各勘定の期首の金額を算定するということです。

【解答への道】（単位：千円）

Ⅰ．〔資料Ⅰ〕決算整理後残高試算表の空欄推定

建物減価償却費　7,500 ← 後述（Ⅴ．2．参照）

備品減価償却費　11,520 ← 後述（Ⅴ．2．参照）

借　　入　　金 200,000 ← 後T/B 支払利息 8,000÷年利率4％

資　　本　　金 876,000 ← 貸借差額

Ⅱ．再振替仕訳

（借）	未 払 営 業 費	10,000(*1)	（貸）	営 　 業 　 費	10,000
（借）	前 受 利 息	1,350(*2)	（貸）	受 取 利 息	1,350

(*1)　当期支払額130,000＋後T/B 未払営業費7,000－後T/B 営業費127,000＝10,000

(*2)　後T/B 受取利息2,550＋後T/B 前受利息1,600－当期受取額(1,800＋1,000)＝1,350

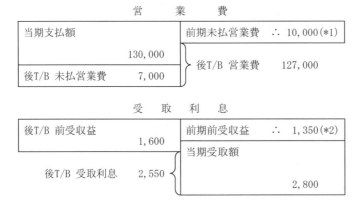

営　　業　　費

当期支払額		前期未払営業費　∴　10,000(*1)	
	130,000	後T/B 営業費　127,000	
後T/B 未払営業費	7,000		

受　取　利　息

後T/B 前受収益		前期前受収益　∴　1,350(*2)	
	1,600	当期受取額	
後T/B 受取利息	2,550		2,800

Ⅲ．期中取引仕訳

1．商品売買

（借）	仕	入	650,000	（貸）	当 座 預 金	150,000
					買 掛 金	310,000
					支 払 手 形	190,000
（借）	当 座 預 金		200,000	（貸）	売 上	930,000
	売 掛 金		380,000			
	受 取 手 形		350,000			

2．固定資産

（借）	未 払 金	100,000	（貸）	当 座 預 金	100,000
（借）	建 物	200,000	（貸）	未 払 金	200,000

3．債権債務等

(1) 受取手形の回収

(借)	現	金	410,000	(貸)	受	取	手	形	410,000
(借)	当 座 預	金	360,000	(貸)	現			金	360,000

(2) 売掛金の回収

(借)	現	金	20,000	(貸)	売		掛	金	20,000
(借)	当 座 預	金	40,000	(貸)	売		掛	金	40,000
(借)	受 取 手	形	270,000	(貸)	売		掛	金	270,000
(借)	支 払 手	形	50,000	(貸)	売		掛	金	50,000

(3) 支払手形の決済

(借)	支 払 手	形	300,000	(貸)	当	座	預	金	300,000

(4) 買掛金の決済

(借)	買 掛	金	80,000	(貸)	当	座	預	金	80,000
(借)	買 掛	金	150,000	(貸)	支	払	手	形	150,000
(借)	買 掛	金	80,000	(貸)	受	取	手	形(*1)	80,000

(*1) 約束手形の裏書譲渡は，受取手形の減少として処理する。

4．その他の事項

(借)	当 座 預 金	116,000	(貸)	受 取 手 形(*1)	120,000
	手 形 売 却 損	4,000			
(借)	営 業 費	130,000	(貸)	現 金	80,000
				当 座 預 金	50,000
(借)	当 座 預 金	1,800	(貸)	受 取 利 息	1,800
(借)	貸 付 金	20,000	(貸)	当 座 預 金	20,000
(借)	当 座 預 金	1,000	(貸)	受 取 利 息	1,000
(借)	支 払 利 息	8,000	(貸)	当 座 預 金	8,000
(借)	貯 蔵 品(*2)	900	(貸)	現 金	900

(*1) 手形の割引は，受取手形の減少として処理する。

(*2) 資産主義で処理していることを仮定している。

Ⅳ．決算整理前残高試算表

決算整理前残高試算表

×11年3月31日

現 金	20,600	支 払 手 形	150,000
当 座 預 金	442,500	買 掛 金	120,000
受 取 手 形	30,000	未 払 金	200,000
売 掛 金	110,000	貸 倒 引 当 金	3,200
繰 越 商 品	140,000	借 入 金	200,000
貯 蔵 品	1,400	建物減価償却累計額	18,000
建 物	400,000	備品減価償却累計額	74,000
備 品	128,000	資 本 金	876,000
土 地	560,000	繰 越 利 益 剰 余 金	89,150
貸 付 金	50,000	売 上	930,000
仕 入	650,000	受 取 利 息	4,150
営 業 費	120,000		
支 払 利 息	8,000		
手 形 売 却 損	4,000		
	2,664,500		2,664,500

Ⅴ．決算整理仕訳

1．商　品

(借)	仕	入	140,000	(貸)	繰 越 商 品	140,000(*1)
(借)	繰 越 商 品		110,000(*2)	(貸)	仕 入	110,000

(*1)　後T/B 仕入680,000＋期末帳簿棚卸高110,000(*2)－総仕入高650,000＝140,000

(*2)　後T/B 繰越商品より

商　　品

期　首 ∴ 140,000(*1)	売上原価(後T/B 仕入) 680,000
当期仕入(前T/B 仕入) 650,000	期　末 110,000(*2)

2．減価償却

(借)	建 物 減 価 償 却 費	7,500(*1)	(貸)	建 物 減 価 償 却 累 計 額	7,500
(借)	備 品 減 価 償 却 費	11,520(*2)	(貸)	備 品 減 価 償 却 累 計 額	11,520

(*1)　(後T/B 建物400,000－期中取得分200,000)×0.9÷30年

$$＋期中取得分200,000×0.9÷30年×\frac{3ヶ月(X11.1～3)}{12ヶ月}＝7,500 ← 後T/B 建物減価償却費$$

(*2)　後T/B 備品128,000×0.9÷10年＝11,520 ← 後T/B 備品減価償却費

3．貸倒引当金

(借)	貸 倒 引 当 金 繰 入 額	1,000(*1)	(貸)	貸 倒 引 当 金	1,000

(*1)　後T/B 貸倒引当金繰入額より

4．収入印紙

(借)	租 税 公 課	800	(貸)	貯 蔵 品	800

5．損益の見越・繰延

(借)	営 業 費	7,000	(貸)	未 払 営 業 費	7,000(*1)
(借)	受 取 利 息	1,600	(貸)	前 受 利 息	1,600(*2)

(*1)　後T/B 未払営業費より

(*2)　後T/B 前受利息より

VI. 勘定分析（正確な勘定記入ではなく，取引内容を示している）

現　　　金

期　　首 ∴	31,500	当座預金	360,000
受取手形	410,000	営業費	80,000
売掛金	20,000	貯蔵品	900
		期　　末	20,600

支　払　手　形

売掛金	50,000	期　　首 ∴	160,000
当座預金	300,000	仕　　入	190,000
期　　末	150,000	買掛金	150,000

当　座　預　金

期　　首 ∴	431,700	仕　　入	150,000
売　　上	200,000	未払金	100,000
現　　金	360,000	支払手形	300,000
売掛金	40,000	買掛金	80,000
受取手形	116,000	営業費	50,000
受取利息	1,800	貸付金	20,000
受取利息	1,000	支払利息	8,000
		期　　末	442,500

買　　掛　　金

当座預金	80,000	期　　首 ∴	120,000
支払手形	150,000	仕　　入	310,000
受取手形	80,000		
期　　末	120,000		

受　取　手　形

期　　首 ∴	20,000	現　　金	410,000
売　　上	350,000	買掛金	80,000
売掛金	270,000	手形割引	120,000
		期　　末	30,000

売　　掛　　金

期　　首 ∴	110,000	現　　金	20,000
売　　上	380,000	当座預金	40,000
		受取手形	270,000
		支払手形	50,000
		期　　末	110,000

公認会計士　新トレーニング シリーズ

財務会計論 計算編1　個別論点・入門編I　第7版

2009年8月10日　初　版　第1刷発行
2021年3月20日　第7版　第1刷発行

編 著 者	Ｔ Ａ Ｃ 株 式 会 社	
	（公認会計士講座）	
発 行 者	多 　田 　敏 　男	
発 行 所	Ｔ Ａ Ｃ 株式会社　出版事業部	
	（ＴＡＣ出版）	

〒101-8383 東京都千代田区神田三崎町3-2-18
電話　03(5276)9492(営業)
FAX　03(5276)9674
https://shuppan.tac-school.co.jp

印 　　刷	株式会社　ワコープラネット	
製 　　本	株式会社　常 川 製 本	

© TAC 2021　　　Printed in Japan　　　ISBN 978-4-8132-9639-3
N.D.C. 336

TAC 合格実績を支える 7つの強み

公認会計士試験対策書籍のご案内

TAC出版では、独学用およびスクール学習の副教材として、各種対策書籍を取り揃えています。
学習の各段階に対応していますので、あなたのステップに応じて、合格に向けてご活用ください!

短答式試験対策

・財務会計論【計算問題編】
・財務会計論【理論問題編】
・管理会計論
・監査論
・企業法

『ベーシック問題集』
シリーズ A5判

● 短答式試験対策を本格的に
始めた方向け、苦手論点の
克服、直前期の再確認に最適!

・財務会計論【計算問題編】
・財務会計論【理論問題編】
・監査論
・企業法

『アドバンスト問題集』
シリーズ A5判

●『ベーシック問題集』の上級編。
より本試験レベルに対応して
います

論文式試験対策

『財務会計論会計基準
早まくり条文別問題集』
B6変型判

● ○×式の一問一答で会計基準を
早まくり
◎ 論文式試験対策にも使えます

・財務会計論【計算編】
・管理会計論

『新トレーニング』
シリーズ B5判

● 基本的な出題パターンを
網羅。効率的な解法による
総合問題の解き方を
身に付けられます!
◎ 各巻数は、TAC公認会計士
講座のカリキュラムにより
変動します
◎ 管理会計論は、短答式試験
対策にも使えます

過去問題集

『短答式試験 過去問題集』
『論文式試験必修科目 過去問題集』
『論文式試験選択科目 過去問題集』
A5判

● 直近3回分の問題を、ほぼ本試験形式で再現。
TAC講師陣による的確な解説付き

企業法対策

公認会計士試験の中で毛色の異なる法律科目に対して苦手意識のある方向け。
弱点強化、効率学習のためのラインナップです

入 門

『はじめての会社法』

A5判　田﨑 晴久 著

● 法律の知識ゼロの人でも、これ1冊で会社法の基礎がわかる!

短答式試験対策

『企業法早まくり肢別問題集』

B6変型判　田﨑 晴久 著

● 本試験問題を肢別に分解、整理。
簡潔な一問一答式で合格に必要な知識を網羅!

書籍の正誤についてのお問合わせ

万一誤りと疑われる箇所がございましたら、以下の方法にてご確認いただきますよう、お願いいたします。

なお、正誤のお問合わせ以外の書籍内容に関する解説・受験指導等は、**一切行っておりません。**
そのようなお問合わせにつきましては、お答えいたしかねますので、あらかじめご了承ください。

1 正誤表の確認方法

TAC出版書籍販売サイト「Cyber Book Store」の
トップページ内「正誤表」コーナーにて、正誤表をご確認ください。

CYBER TAC出版書籍販売サイト
BOOK STORE

URL:https://bookstore.tac-school.co.jp/

2 正誤のお問合わせ方法

正誤表がない場合、あるいは該当箇所が掲載されていない場合は、書名、発行年月日、お客様のお名前、ご連絡先を明記の上、下記の方法でお問合わせください。
なお、回答までに1週間前後を要する場合もございます。あらかじめご了承ください。

文書にて問合わせる

▶郵 送 先　〒101-8383 東京都千代田区神田三崎町3-2-18
TAC株式会社 出版事業部 正誤問合わせ係

FAXにて問合わせる

▶FAX番号　**03-5276-9674**

e-mailにて問合わせる

▶お問い合わせ先アドレス　**syuppan-h@tac-school.co.jp**

※お電話でのお問合わせは、お受けできません。また、土日祝日はお問合わせ対応をおこなっておりません。
※正誤のお問合わせ対応は、該当書籍の改訂版刊行月末日までといたします。

乱丁・落丁による交換は、該当書籍の改訂版刊行月末日までといたします。なお、書籍の在庫状況等により、お受けできない場合もございます。
また、各種本試験の実施の延期、中止を理由とした本書の返品はお受けいたしません。返金もいたしかねますので、あらかじめご了承くださいますようお願い申し上げます。

(2020年10月現在)

答案用紙

答案用紙冊子　　　　　　　色紙

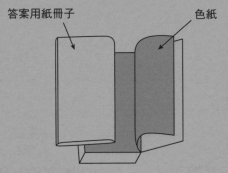

①答案用紙冊子を抜き取る

針金を外す　　　　　　　答案用紙

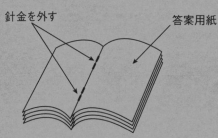

②抜き取った答案用紙冊子を
　開き, 針金を外す

〈答案用紙ご利用時の注意〉

　以下の「答案用紙」は, この色紙を残したま
まていねいに抜き取り, 綴込の針金をはずし
てご利用ください。なお, 針金をはずす際は素
手ではなく, ドライバー等の器具を必ずご使用
ください。

　また, 抜取りの際の損傷についてのお取替
えはご遠慮願います。

*ご自分の学習進度に合わせて, コピーしてお使いください。
なお, 答案用紙は, ダウンロードサービスもご利用いただけます。
ＴＡＣ出版書籍販売サイト・サイバーブックストアにアクセスしてく
ださい。

https://bookstore.tac-school.co.jp/

ＴＡＣ出版

TAC PUBLISHING Group

新トレーニングシリーズ
財務会計論 計算編1〈個別論点・入門編Ⅰ〉

別冊答案用紙

目 次

問 1

決算整理前残高試算表

×11年3月31日

(単位：千円)

現　　　　金	（　　　）	支　払　手　形	（　　　）
受　取　手　形	（　　　）	買　　掛　　金	（　　　）
売　掛　商　品	（　　　）	（　　　　　）	（　　　）
繰　越　商　品	（　　　）	前　受　当　金	（　　　）
建　　　　物	（　　　）	借　倒　引　当　金	（　　　）
備　　　　品	（　　　）	建物減価償却累計額	（　　　）
土　　　　地	（　　　）	備品減価償却累計額	（　　　）
仕　　　　入	（　　　）	資　　本　　金	（　　　）
営　　業　　費	（　　　）	繰越利益剰余金	（　　　）
支　払　利　息	（　　　）	売　　　　上	（　　　）
	（　　　）		（　　　）

貸　借　対　照　表

×11年3月31日

(単位：千円)

借方		貸方	
現金及び預金	（　）	支払手形	（　）
受取手形	（　）	買掛金	（　）
貸倒引当金	（　）	（　）	（　）
売掛金	（　）	未払費用	（　）
貸倒引当金	（　）	前受金	（　）
商品	（　）	借入金	（　）
建物	（　）	資本金	（　）
減価償却累計額	（　）	繰越利益剰余金	（　）
備品	（　）		
減価償却累計額	（　）		
土地	（　）		
	（　）		（　）

問題 2　商 品 売 買

得点 [　　　点]

問 1

①	②	③
④		

問 2

決算整理後残高試算表

×11年3月31日

(単位：千円)

現　　　　　　金（　　　　　）	支　払　手　形（　　　　　）
当　座　預　金（　　　　　）	買　　掛　　金（　　　　　）
受　取　手　形（　　　　　）	未　払　営　業　費（　　　　　）
売　　掛　　金（　　　　　）	貸　倒　引　当　金（　　　　　）
有　価　証　券（　　　　　）	建物減価償却累計額（　　　　　）
繰　越　商　品（　　　　　）	備品減価償却累計額（　　　　　）
前　払　営　業　費（　　　　　）	資　　本　　金（　　　　　）
建　　　　　　物（　　　　　）	繰　越　利　益　剰　余　金（　　　　　）
備　　　　　　品（　　　　　）	売　　　　　上（　　　　　）

得点　点

決算整理後残高試算表

×11年3月31日

(単位：千円)

借方	勘定科目	勘定科目	貸方
（　　）	現　　　　　金	支　払　手　形	（　　）
（　　）	当　座　預　金	買　　掛　　金	（　　）
（　　）	受　取　手　形	未　払　営　業　費	（　　）
（　　）	売　　掛　　金	貸　倒　引　当　金	（　　）
（　　）	有　価　証　券	建物減価償却累計額	（　　）
（　　）	繰　越　商　品	資　　本　　金	（　　）
（　　）	貯　　蔵　　品	繰越利益剰余金	（　　）
（　　）	未　収　利　息	売　　　　　上	（　　）
（　　）	貸　　付　　金	受　取　利　息	（　　）
（　　）	建　　　　　物	有価証券売却損益	（　　）
（　　）	土　　　　　地		
（　　）	仕　　　　　入		
（　　）	営　　業　　費		
（　　）	消　耗　品　費		

問題 4 　期首スタート問題②

得点　　　　点

決算整理前残高試算表

×5年3月31日

(単位：千円)

問1

現　　　金	（　　　）	支　払　手　形	（　　　）
当　座　預　金	（　　　）	買　　掛　　金	（　　　）
受　取　手　形	（　　　）	貸　倒　引　当　金	（　　　）
売　　掛　　金	（　　　）	建物減価償却累計額	（　　　）
繰　越　商　品	（　　　）	資　　本　　金	（　　　）
建　　　物	（　　　）	繰越利益剰余金	（　　　）
土　　　地	（　　　）	売　　　　上	（　　　）
貸　付　金	（　　　）	受　取　利　息	（　　　）
仕　　　入	（　　　）	受　取　地　代	（　　　）
	（　　　）		（　　　）

問2

問　題 5　商品の払出単価の計算

問1

繰越商品勘定	千円
仕 入 勘 定	千円

問2

決算整理後残高試算表

×10年12月31日　　　　　　　　　（単位：千円）

現　　　　　金	（　　　）	支 払 手 形	（　　　）
受 取 手 形	（　　　）	買 掛 金	（　　　）
売 掛 金	（　　　）	未 払 営 業 費	（　　　）
繰 越 商 品	（　　　）	預 り 金	（　　　）
立 替 金	（　　　）	貸 倒 引 当 金	（　　　）
建 物	（　　　）	建物減価償却累計額	（　　　）
土 地	（　　　）	資 本 金	（　　　）
仕 入	（　　　）	繰 越 利 益 剰 余 金	（　　　）
		合 計	（　　　）

問題 6

P/L・B/S作成 (勘定式)

得点
点

損　益　計　算　書

自×10年4月1日　至×11年3月31日

（単位：千円）

売　上　原　価	（　　　）	売　　上　　高	（　　　）
広　告　宣　伝　費	（　　　）	備　品　売　却　益	（　　　）
給　　　　　料	（　　　）	（　　　　　）	（　　　）
旅　費　交　通　費	（　　　）		
通　　信　　費	（　　　）		
貸倒引当金繰入額	（　　　）		
建　物　減　価　償　却　費	（　　　）		
備品減価償却費	（　　　）		
雑　　　　　損	（　　　）		
当　期　純　利　益	（　　　）		
	（　　　）		（　　　）

貸　借　対　照　表

×11年3月31日

（単位：千円）

問題 ❼　精算表作成

得点 ☐☐点

精算表

（単位：千円）

勘定科目	決算整理前残高試算表 借方	決算整理前残高試算表 貸方	整理記入 借方	整理記入 貸方	損益計算書 借方	損益計算書 貸方	貸借対照表 借方	貸借対照表 貸方
現　　　　金	9,000							
受　取　手　形	12,000							
売　　掛　　金	24,000							
繰　越　商　品	4,000							
建　　　　物	50,000							
備　　　　品	10,000							
土　　　　地	30,000							
支　払　手　形		11,430						
買　　掛　　金		15,000						
借　　入　　金		20,000						
貸　倒　引　当　金		600						
建物減価償却累計額		15,000						
備品減価償却累計額		3,500						

前期末繰越試算表

×10年3月31日

(単位：千円)

借方		貸方	
現　　　　金	（　　　）	支　払　手　形	（　　　）
当　座　預　金	（　　　）	買　　掛　　金	（　　　）
受　取　手　形	（　　　）	未　　　　払	（　　　）
売　　掛　　金	（　　　）	（　　　　）	（　　　）
繰　越　商　品	（　　　）	前　受　利　息	（　　　）
貯　　蔵　　品	（　　　）	貸　倒　引　当　金	（　　　）
建　　　　物	（　　　）	建物減価償却累計額	（　　　）
備　　　　品	（　　　）	備品減価償却累計額	（　　　）
土　　　　地	（　　　）	資　　本　　金	（　　　）
貸　　付　　金	（　　　）	繰越利益剰余金	（　　　）
	（　　　）		（　　　）

科目		
売　上		55,000
仕　入	39,000	
営　業　費	9,000	
保　険　料	1,980	
支　払　利　息	550	
計	189,530	189,530
建物減価償却費		
備品減価償却費		
貸倒引当金繰入額		
未　払　営　業　費		
未　払　利　息		
前　払　保　険　料		
（当　期　純　利　益）		
合　計		

貸倒引当金（　　）

売　掛　金（　　）

他店商品券（　　）

（　　　　）（　　）

建　　物（　　）

減価償却累計額（　　）

備　　品（　　）

減価償却累計額（　　）

土　　地（　　）

商　品　券（　　）

資　本　金（　　）

繰越利益剰余金（　　）

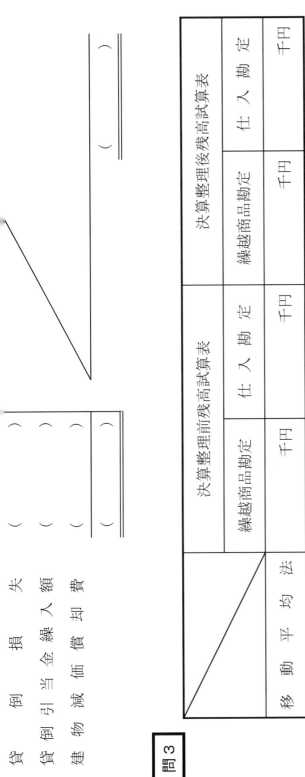

貸　倒　損　失　（　　　　）
貸倒引当金繰入額　（　　　　）
建物減価償却費　（　　　　）
　　　　　　　　（　　　　）
　　　　　　　　（　　　　）

問3

	決算整理前残高試算表		決算整理後残高試算表	
	繰越商品勘定	仕入勘定	繰越商品勘定	仕入勘定
移動平均法	千円	千円	千円	千円

貸借対照表
×5年3月31日
（単位：千円）

受取利息　（　　）
受取地代　（　　）

貸倒引当金繰入額　（　　）
建物減価償却費　（　　）
当期純利益　（　　）

現金及び預金　（　　）　　　支払手形　（　　）
受取手形　（　　）　　　買掛金　（　　）
貸倒引当金　（　　）　　　前受収益　（　　）
売掛金　（　　）　　　資本金　（　　）
貸倒引当金　（　　）　　　繰越利益剰余金　（　　）
商品　（　　）
建物　（　　）
減価償却累計額　（　　）
土地　（　　）
（　　）　（　　）

建物減価償却費　（　　　　）

手形売却損　　　（　　　　）　（　　　　）　（　　　　）

貸倒引当金繰入額　　　　（　　　）

建物減価償却費　　　　　（　　　）

備品減価償却費　　　　　（　　　）

（　　　）　　　　　　　（　　　）

（　　　）

売上

（単位：千円）

日付	摘要	借方	日付	摘要	貸方

自×10年4月1日　至×11年3月31日

（単位：千円）

売　上　原　価	（　　　　）	売　上　高　（　　　　）
営　　業　　費	（　　　　）	
貸倒引当金繰入額	（　　　　）	
建物減価償却費	（　　　　）	
備品減価償却費	（　　　　）	
支　払　利　息	（　　　　）	
当　期　純　利　益	（　　　　）	（　　　　）